Krigssejler

Oskar Thyge Jensen

Lars Ove Peters

ARMINIUS

Krigsejler Oskar Thyge Jensen
© 2019 Peters, Lars Ove /Arminius
Forlag: BoD – Books on Demand, København, Danmark
Tryk: BoD – Books on Demand, Norderstedt, Tyskland
ISBN: 9788743010760

Omslagsdesign:	Lopet
Grafisk tilrettelæggelse:	Lopet
Forsidefoto:	Oskar Thyge Jensen, 29. april 1941, Jerome Ltd.
Bagsidefoto:	DFDS skibet SS Knud / SS Hardicanute.

Indhold

Kaptajn Jensen er på broen

Denne lille bog handler om sømanden Oskar Thyge Jensens bedrifter som krigssejler under Anden Verdenskrig. Krigssejlere var danske og norske søfolk, der meldte sig frivilligt til det britiske Merchant Navy den 9. april 1940[1] og i tiden derefter. Det er vigtigt at understrege, at det var frivilligt. De blev ikke tvunget. De fik et alternativ, nemlig at blive indsat i en krigsfangelejr. Havde de valgt den mulighed, hvilket nogle faktisk gjorde, kunne de ganske vist ikke komme hjem til Danmark eller Norge så længe krigen varede, men de slap til gengæld for enhver risiko for at miste deres liv og lemmer.

Indmeldelsen i det britiske Merchant Navy var ensbetydende med, at man blev soldat, der i første linje kæmpede for Storbritannien mod Nazityskland, men senere også for USA. Alt i alt drejede det sig om cirka 6.000 danskere, der sejlede i udeflåden. Det skønnes, at knap 1.000 af disse omkom i tjenesten. Det svarer til en tabsrate på knap 17 %. Sammenlignet med så mange andre krigsskuepladser var det ikke voldsomt højt, men det nærmede sig dog næsten hver 5. Men det er gennemsnitstal. Det værste var, at det enten var totalt tab eller ingen. Når et skib blev sænket, var chancerne for overlevelse meget, meget ringe. Det interessante i denne forbindelse er, at disse søfolk udgjorde den erhvervs- og befolkningsgruppe i Danmark, der led de største tab under krigen. Derfor er det også vigtigt at fremhæve, at disse soldater, krigssejlerne, aldrig efter krigen modtog den ære og respekt fra Danmark, som de egentligt havde fortjent. Det hele, altså æren, gik til modstandsbevægelsen, og det på trods af at krigssejlernes indsats lige fra dag et [den 9. april] også bidrog til at Danmark, da krigen endelig var overstået, blev regnet med i den mod Nazityskland rettede allierede blok. Det skal dog for en god ordens skyld nævnes, at de trods alt fik en beskeden pension fra det danske Frihedsråd. Jeg nævner det ikke for at nedgøre modstandsbevægelsens indsats. Vi, der voksede op efter krigen er dem stor tak skyldig. Men det rokker ikke ved den kendsgerning, at det også burde have været gældende for krigssejlerne, hvilket det aldrig rigtig blev. Stort set alle overlevende kom hjem med ar på sjælen, som vi har svært ved at forestille os, netop fordi vi aldrig rigtigt har hørt så meget om dem. Langt de fleste genoptog deres arbejde og nogle måtte klare sig med selvmedicinering i form af alkohol, som de havde let adgang til.

Indsatsen var enorm, fordi risikoen for at miste livet reelt var tilstede. De kæmpede direkte mod den samlede tyske ubådsflåde og Luftwaffe, og tabene var store, når fjenden ramte. Når et skib blev sænket, var der kun ganske få muligheder for, at de overlevende kunne blive reddet. Det endte ofte med, at de på ussel vis omkom i deres redningsbåde af sult eller tørst. Undertiden mistede alle mand om bord livet ved en enkelt fuldtræffer. Ved invasionen af Sicilien, som vi skal høre mere om senere, blev det amerikanske ammunitionsskib SS Robert Rowan under overfarten fra Afrika til Sicilien ramt af en tysk fuldtræffer og sprang i luften. Ingen overlevede.

De fleste tror, at disse søfolk blot passivt måtte se til, når deres skibe blev angrebet. Det var langtfra tilfældet. Skibene var alle udrustet med en mindre kanon samt antiluftskyts, og de var alle malet med den samme grå farve som de allierede krigsskibe. Ganske vist var der britiske marinesoldater med om bord på hvert skib, hvis hovedopgave det var at betjene disse våben, i praksis blev alle søfolkene på skibene også oplært i at bruge dem, hvilket de også gjorde. Det hang sammen med, at de tyske ubåde, ofte foretrak at angribe skibene, enten med torpedoer eller med deres eget skyts, mens de befandt sig på vandoverfladen og ikke under. Det var mere præcist. Når det skete, havde skibene en reel mulighed for at forsvare sig. I så fald gjaldt det om at handle hurtigt. Den, der nåede hurtigst frem til kanonen, uanset hvem det så end måtte være, skulle være parat til skyde og forsvare skibet, samtidig med at vagthavende styrmand på broen skulle sørge for at bringe skibet i angrebsposition. Det betød, at disse søfolk var i direkte kamp med tyske ubådssoldater eller flyvere.

Denne bog handler i første linje om krigssejleren Oskar Thyge Jensen og hans kolleger i det man kaldte udeflåden. Når det er sagt, må man ikke glemme, at der jo også var lige så mange søfolk og ikke mindst fiskere, der tjente i det man kaldte hjemmeflåden. Deres lod og tab var ikke mindre skæbnetung. Hertil kom at de måtte tjene den nazityske krigsmagt, som de hverken sympatiserede med eller følte sig knyttet til. Men det er altså ikke dem, som denne historie handler om. Her kan jeg henvise til *Det er nødvendigt at sejle...*, som er udgivet af Fiskeri- og Søfartsmuseet den 4.5.1980 og *Søkrig i danske farvande* af Poul Bech, Kbh. 2008.

Vi kender til problemet fra danske soldater, der har været udstationeret i det tidligere Jugoslavien, i Irak og i Afghanistan. Mange af de, der ikke led fysisk overlast, kom hjem med sår på sjælen. Det samme gjaldt naturligvis også for en hel del af de danske søfolk, da de endelig vendte hjem efter mere end fem år i krigszonen. Det værste var uvisheden. Hvornår bliver det vores tur? Spørgsmålet martrede, dag og nat, år ud og år ind, især til sidst, da alle vidste, at krigen snart måtte være slut. Også her blev der slået skår i sjælen. Det tog man bare ikke særligt meget hensyn til dengang. Men de, der holdt til det, fik nerverne ekstra stålsatte og fortsatte deres karrierer som dygtige sømænd – deriblandt Oskar Thyge Jensen.

Det skal ikke være nogen hemmelighed, at bogens hovedperson var min svigerfar, som jeg holdt meget af og respekterede i høj grad. Jeg er derfor næppe objektiv i min fremstilling. Det har da heller ikke været hensigten at skrive en historisk videnskabelig afhandling. Størstedelen af mit kildemateriale baserer sig på private breve, båndoptagelser af samtaler og Oskar Jensens egne dagbogsnotater. Derfor er mine kildehenvisninger yderst begrænset. På den anden side har jeg naturligvis også brugt en række offentligt tilgængelige kilder, som jeg har anført i en litteraturliste bagest i bogen.

Jeg har via nærmest utallige samtaler fået en indgående viden om hans bedrifter og oplevelser som sømand under Anden Verdenskrig. Jeg har således følt det som en forpligtigelse at bevare disse for eftertiden. Mest for Oskars efterkommere, men også for alle de, der måtte være interesseret i at vide noget om en krigssejlers skæbne under krigen. Naturligvis oplevede de ikke alle det samme, og for nogle endte det jo også tragisk, det må vi ikke glemme, alligevel tror jeg, at Oskars historie kan sammenlignes med mange af de øvriges. På den måde fungerer bogen også lidt som et historisk dokument.

Som en slags afslutning på denne indledning vil jeg citere en artikel om Oskar Thyge Jensen, som blev trykt i Familie Journalen i uge 27 i 1969. Den blev skrevet af den navnkundige journalist C. C. Andersen, der havde specialiseret sig i spændende personportrætter. Artiklen fortæller lidt om Oskar Thyge Jensen, hvilket menneske han var, og hvad han stod for. Der forekommer to fejl i Andersens tekst, som dog ikke betyder noget. Oskars fornavn staves ikke med *C*, men med *K*. Der henvises i artiklen til et skib, som Oskar har sejlet på, (hvilket vi vender stærkt tilbage til), der fik betegnelsen *Hirtsholm*. Skibets korrekte navn var *Hindsholm*. Artiklen gengives med venlig tilladelse fra læge, Ph.d. og forfatter, Vibeke Manniche på arvingernes vegne[2]:

»Jeg sad en dag for et års tid siden på en af de ydre Hebrider - øgruppen ud for Skotlands nordvestkyst - og lyttede til en ældre, rig engelsk enkes forfærdende beskrivelse af sit livs første og med garanti eneste rejse til Danmark. Hun havde ellers under to krige oplevet en forfærdelig masse, men Danmarks-turen i 1968 var det værste. Hun var kommet over Nordsøen, da vi havde en orkan, der anrettede enorme ødelæggelser. Danmark kan som bekendt stort set opleves anderledes.

Men sejlturen, milde himmel. Hun havde ikke forestillet sig, at noget kunne være så forfærdeligt. At hun og skibet kom velbeholdne til land måtte hun udelukkende prise Vorherres miskundhed for. Hun vidste ikke – og jeg heller ikke, da jeg hørte hende fortælle – at kaptajn Oscar Jensen var på broen på skibet i orkanen. Til daglig – og på skibets populære krydstogtrejser – er han skipper på DFDS' "MS England". Han har sejlet over Nordsøen

Journalisten C.C. Andersen

siden 1937, lige bortset fra krigen, hvor han sejlede i engelsk fart.

Vi sad en formiddag på kommandobroen et sted nede ved Trinidad og havde en hygge-snak, som man har det på et skib, når det går godt. Mit bidrag til samtalen var beskrivelsen af den ældre dames rædsels-rejse med flagskibet "Winston Churchill", og jeg tog det nærmest som en vittig beretning.

– Nåh, sagde Oscar Jensen, - det var nu en drøj tur. Jeg var afløser-kaptajn på turen for en kollega, der havde ferie. Grimt vejr, orkan, og vi var forsinkede allerede ved afgangen fra England, så vi havde ikke store chancer for at holde fartplanen. Det plejer vi ellers at sætte en traditionel ære i at kunne, når det ikke går ud over sikkerheden. Så pludselig kommer telegrafisten med et SOS fra et dansk skib, der var synkende. De var fem mand, en kone og en hund om bord. Der var mange skibe i havsnød i det døgn, men her så det ud til, at vi var nærmest. Der var kun et at gøre: vi måtte i orkanen vende om og forsøge at komme de nødstedte stakler til undsætning. Jeg vil godt tro, at der er passagerer, der ikke syntes, det var rart. Men når sjæle på søen er stedt i nød, så er der kun et at gøre, hvis man har muligheden; prøve at nå dem, mens tid er.

Det var en lille dansk coaster, der var synkende i det frådende hav. Den var på rejse med en ladning porcelæns-ler, og orkanen truede med at sende den til bunds hvert øjeblik. Der havde været en helikopter ude efter en mand, men der var fem plus skipperens kone og en hund om bord endnu.

Når man har sejlet 30 år på Nordsøen i al slags vejr, kender man den! Jeg var klar over, at det ikke ville blive behageligt for de 100-150 passagerer, vi havde om bord, når vi skulle vende om i orkanen for at komme de nødstedte til hjælp. Vi skulle jo på tværs af de enorme bølger, og det var ikke rart. Heller ikke for os på broen.

Jeg gav over højttalerne besked om, at alle passagerer skulle gå til køjs. Over Nordsøen kan man ikke sejle på dæksplads, man skal have køjer. Jeg fortalte, at vi blev nødt til at vende om i det hårde vejr, og folk fik, mens vi tog farten af båden, en halv time til at komme til køjs. Der er man bedst placeret i en sådan situation! Under den nedsatte fart og i vendingen ville stabilisatorerne ikke være meget værd.

Vi havde en hyggelig gammel skotte med, i kilt. Han ville ikke til køjs. Han blev surret fast til en af søjlerne i spisesalen! Sådan ville han have det.

At vende en 10.000 ton'er i orkan er ikke noget af det, man som kaptajn drømmer om at gøre for tit! Men selvfølgelig klarede vi den. Vi har aldrig haft de store uheld på den overfart, og vi kom rundt. Så stævnede vi mod havaristen.

Vi nåede den sidst på eftermiddagen. Bølgerne var enorme, og jeg skulle manøvrere med forsigtighed. At få 10.000 tons hen til en 500 tons båd i sådan et vejr er absolut ingen let opgave. Coasteren så ud til at kunne synke hvert sekund. Jeg forsøgte at få skipperen til at slå motoren fra, så jeg kunne komme så klods op på den, at vi kunne skyde vores norske redningsraketter over til ham, så han kunne få en redningsflåde fra os. Han turde ikke, Han var bange for, at skibet, når man tog farten af det, ville komme til at ligge sådan i orkanen, at det på sekunder ville gå til bunds.

Vi kæmpede vel i det hårde vejr en tre timer for at bringe de nødstedte frelse. Der havde været en helikopter på vej, men da den hørte, at vi var nået frem, var den i stedet gået til hjælp hos en synkende tysk kutter, hvis fiskere den bjærgede. Alt, hvad vi havde af projektører, havde vi selvfølgelig tændt, der var drama over tingene.

Endelig lykkedes det os at få vor sidste redningsline over til skibet, de fik vor redningsflåde hejst over, sprang ned på den, og jeg så, at de også fik hunden med. I mellemtiden var helikopteren kommet. Den gik ned over redningsflåden og det var fantastisk at se, at vinden fra helikopterens rotorer faktisk lagde en vold omkring redningsflåden, og man kunne redde alle. Jeg så, at kaptajnen som den sidste – med sin hund i favnen – blev hejset om bord, var vor opgave slut. Jeg gav ordre til, at vi skulle vende endnu en gang, og så gik det hjemover...

Der var enkelte af besætningsmedlemmerne om bord der havde fået småknubs, for det er som sagt ingen spøg at manøvrere i hårdt vejr, som vi var nødt til det. At nogle passagerer var bange, kan man måske nok forstå, der var også en matros, der til en avis sagde, at han aldrig i hele sit liv havde været så bange som under redningsaktionen. Der var ikke noget at være bange for, vi, der kender Nordsøen, og de skibe, vi har med at gøre, ved nøjagtigt, hvor langt vi kan gå, uden at nogen skal frygte liv og lemmer.

Kaptajn Oskar Thyge Jensen på styrbordbrovingen af Winston Churchill. Billedet blev taget i forbindelse med tilblivelsen af artiklen til Familie Journalen.

Vi har andre gange, gået i aktion. For eksempel den nat en Skou-båd sammen med en anden dansk båd forsvandt i hårdt vejr. Ingen fra de to skibe slap levende fra det. En af de forliste skippere var min personlige ven siden dagene på navigationsskolen. Hans lig drev i land på vor kyst.

Det er da en selvfølge, at man går til hjælp, hvis man har nogen mulighed for at redde medmennesker. Sådan er sømandskab nu engang. Det er lige så sandt, at vi selvfølgelig ikke sætter flere hundredes liv på spil for at redde fem mennesker og en hund. Vi ved, hvad vi gør på broen. Kaptajnen og styrmanden

9

fra skibet kom om bord, da vi nåede havn, de var hjemme længe før os. De sagde stilfærdigt tak. Det var den anerkendelse, vi fik. Vi havde ikke regnet med mere til os på "Churchill".

Oscar Jensen er 56, i generationer har hans slægt været søfolk. Hans far forliste som ungt menneske i en orkan ved Falklandsøerne og vraget af den gamle Fanø-bark står endnu – dernede i nærheden af Kap Horn.

– Det var i 90erne [1890´erne], de forliste, og de gik nogle måneder på øerne som fårehyrder, inden de fik mulighed for at vende hjem igen. Jeg snakkede med en skipper en dag, der havde set det gamle skib, der endnu står vrag dernede. Det var et sandt guds under, at de bjærgede livet, for deres skib var af orkanen ved Kap Horn nærmest slået til pindebrænde. Dengang kunne man ikke sådan uden videre regne med, at der var hjælp på nært hold.

I sine yngre dage kom Oscar Jensen langt omkring i verden, bl.a. til Syda-merika med DFDS bådene. Dagen før tyskerne besatte Danmark, gik han ind i eng-elsk havn med eksportbåden "Hirtsholm".

– I fem år sejlede vi for englænderne, siger han. – Jeg tror, det var vor redning, at vi sejlede langsomt. Det var sjældent, der var nogen konvoj, der ville vente på os, når vi skulle til Canada eller hjem igen, så vi tøffede af sted alene med vore 7 knob. Det var altid konvojerne med de mange skibe, de var ude efter, ikke sådan en lille svend som os, så vi slap for alvorlige skrammer. Krigens sidste år sejlede jeg med en anden af selskabets både på Island, heller ikke dengang løb vi ind i noget alvorligt. Men man lærte et og andet om at sejle i de dage! De af os, der holdt til det, fik nok nerverne ekstra stålsatte, og det er godt nok, når man kommer ud for situationer, hvor der skal handles. Også for de mange mennesker, der er betroet en på de ture, vi sejler. Det bedste, en passager kan vide, er, at de folk, han betror sig til, ved, hvad de har med at gøre. Passagererne skal i en orkan kunne lægge sig til ro med samme sikkerhed i sindet, som man gør det en dejlig sommernat. Det har altid været sådan, at man har kunnet stole på vore folk, det er i hvert fald den erfaring, jeg har gjort gennem de mange år på Nordsøen.

Der var på krydstogtet størsteparten af "England"´s daglige besætning fra rutefarten, og der var flere, der havde været med under redningsaktionen med "Churchill". En af dem, der var kommet til skade, fordi arbejdet jo skulle passes, var blevet indlagt på hospitalet ved hjemkomsten. Hun havde en dag fået besøg af lodskaptajnen, der havde hørt og læst om aktionen. Hans kommentar til den til-skadekomne var disse ord:

– I havde Jensen på broen, så der var ikke noget at være bange for. Havde jeg ligget i havsens nød og vidst, at Jensen var på vej, ville det berolige min sjæl. Han kan sejle, som det sømmer sig en kaptajn af den gode, gamle slags.

Et godt ry at have for en skipper: det er ham, der er på broen.«

Noter

1   Den 9. april 1940 iværksatte Nazityskland operation Weserübung - besættelsen af Danmark og Norge.
2   C.C. Andersen, Kaptajn Jensen på broen! – Familie Journalen uge 27, 1969.

I lære som sømand

Det ligger mange år tilbage. Oskar var for længst gået på pension, både som kaptajn, som lods og som kustode på Fiskeri- og Søfartsmuseet. Vi sad på et lille værtshus nede ved havnen i Esbjerg og fik en øl og en dram. Oskar, min svigerfar, hans datter (min kone) og jeg. Her betroede han os, at han egentlig hellere ville have været bogholder eller noget i den stil, slet ikke sømand. Vi var lamslåede, da vi hørte det. For os var han jo indbegrebet af en sømand – siger man Oskar, siger man sømand. Men det var altså ikke hans ønske. Det var hans fars, Jens Mikkelsen Jensens.

„Jamen, hvorfor det", spurgte vi. Vi fik egentlig ikke rigtig noget svar på det spørgsmål. Oskar vidste ikke, hvad han skulle sige – hvordan han skulle forklare sin datter og sin svigersøn sammenhængen. En vis form for klarhed får man til gengæld, hvis man ser på Oskars slægtstavle af forfædre. Tavlen lader sig forfølge syv generationer tilbage. Vi skal altså helt tilbage til begyndelsen af 1700-tallet. Det drejer sig om i alt 126 personer, hvoraf halvdelen, altså 63, var mænd. En lille statistik

Sidsel og Jens Mikkelsen Jensen, Oskars forældre, som efterkommerne opfatter som deres stamfader og stammoder.

Forfædre til Jens Mikkelsen Jensen

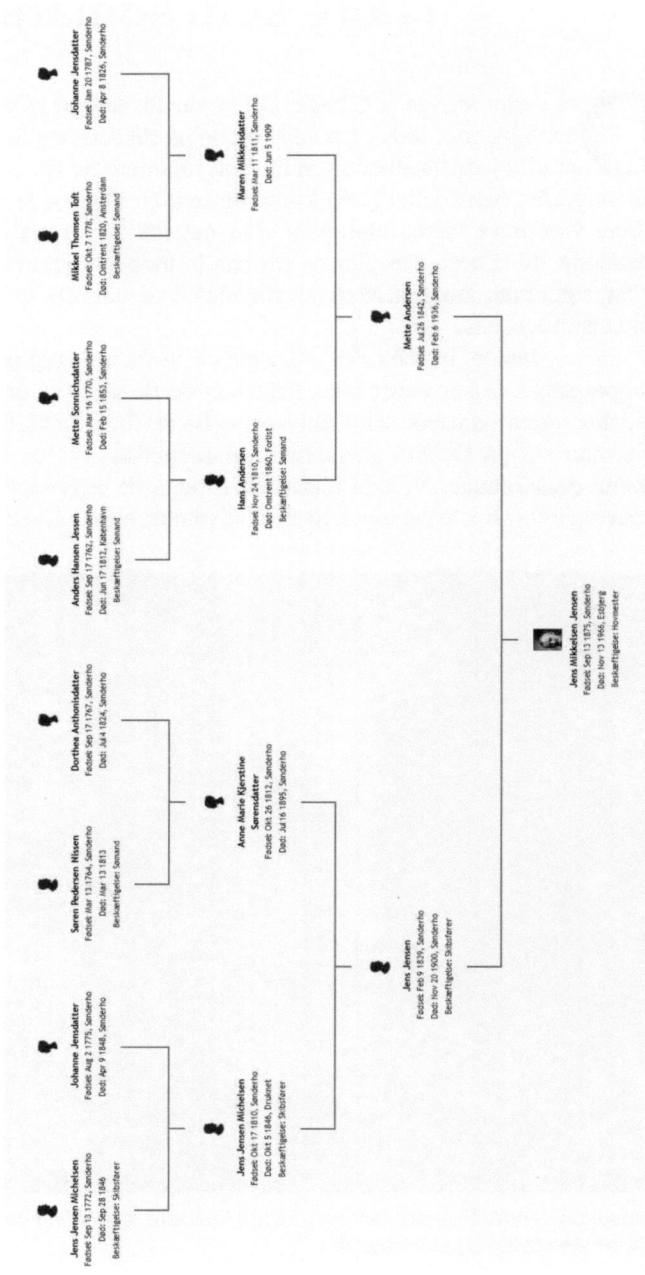

Jens Jensen Michelsen
Fødsel: Sep 13 1772, Sønderho
Død: Sep 28 1846
Beskæftigelse: Skibsfører

Johanne Jensdatter
Fødsel: Aug 2 1775, Sønderho
Død: Apr 9 1848, Sønderho

Søren Pedersen Nissen
Fødsel: Mar 13 1764, Sønderho
Død: Mar 13 1813
Beskæftigelse: Sømand

Dorthea Anthonisdatter
Fødsel: Sep 17 1767, Sønderho
Død: Jul 4 1824, Sønderho

Anders Hansen Jessen
Fødsel: Sep 17 1762, Sønderho
Død: Jun 17 1812, København
Beskæftigelse: Sømand

Mette Sonnichsdatter
Fødsel: Mar 16 1770, Sønderho
Død: Feb 15 1853, Sønderho

Mikkel Thomsen Toft
Fødsel: Okt 7 1776, Sønderho
Død: Omtrent 1820, Amsterdam
Beskæftigelse: Sømand

Johanne Jensdatter
Fødsel: Jan 20 1787, Sønderho
Død: Apr 8 1824, Sønderho

Jens Jensen Michelsen
Fødsel: Okt 17 1810, Sønderho
Død: Okt 5 1846, Drueknet
Beskæftigelse: Skibsfører

Anne Marie Kjerstine Sørensdatter
Fødsel: Okt 26 1812, Sønderho
Død: Jul 16 1895, Sønderho

Hans Andersen
Fødsel: Nov 24 1810, Sønderho
Død: Omtrent 1860, Forlist
Beskæftigelse: Sømand

Maren Mikkelsdatter
Fødsel: Mar 11 1811, Sønderho
Død: Jun 5 1909

Jens Jensen
Fødsel: Feb 9 1839, Sønderho
Død: Nov 20 1900, Sønderho
Beskæftigelse: Skibsfører

Mette Andersen
Fødsel: Jul 26 1842, Sønderho
Død: Feb 6 1936, Sønderho

Jens Mikkelsen Jensen
Fødsel: Sep 13 1875, Sønderho
Død: Nov 13 1966, Esbjerg
Beskæftigelse: Hovmester

14

Forfædre til Sidsel Jensine Jensen [Michelsen]

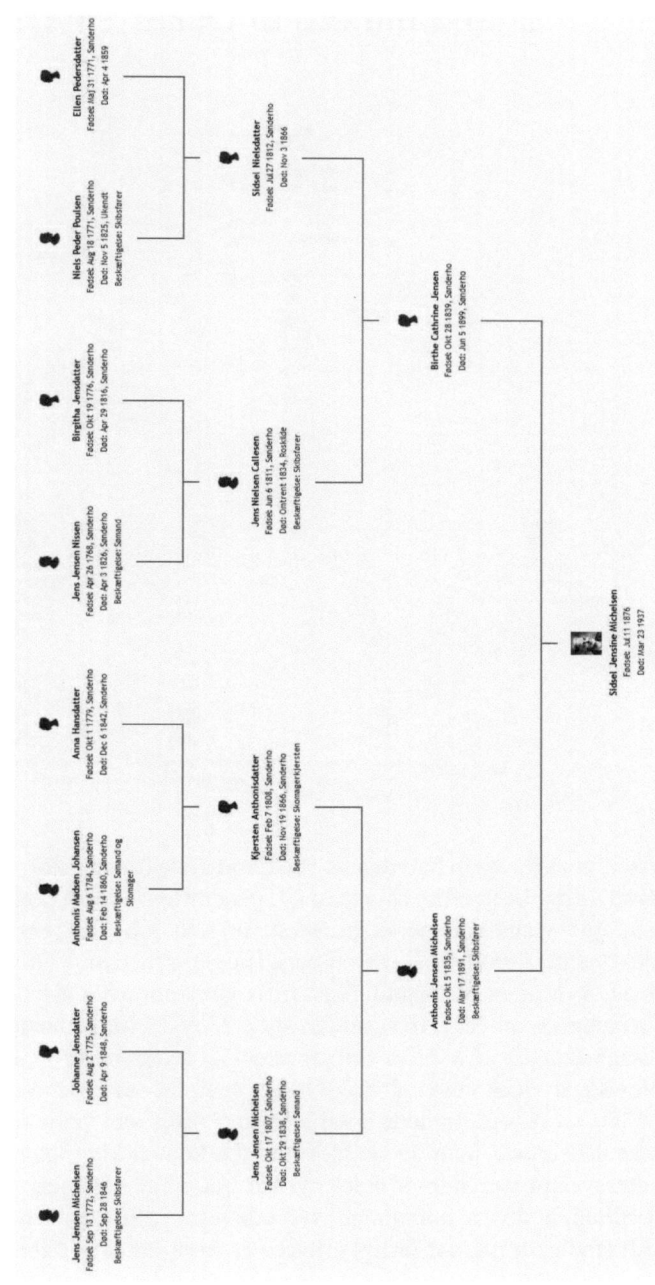

Jens Jensen Michelsen
Fødsel: Sep 13 1771, Sønderho
Død: Sep 28 1846
Beskæftigelse: Skibsfører

Johanne Jensdatter
Fødsel: Aug 2 1775, Sønderho
Død: Apr 9 1848, Sønderho

Anthonis Madsen Johansen
Fødsel: Aug 6 1784, Sønderho
Død: Feb 14 1860, Sønderho
Beskæftigelse: Sømand og
Strømager

Anna Hansdatter
Fødsel: Okt 1 1784, Sønderho
Død: Dec 6 1842, Sønderho

Jens Jensen Nissen
Fødsel: Apr 28 1768, Sønderho
Død: Apr 3 1826, Sønderho
Beskæftigelse: Sømand

Birgitha Jensdatter
Fødsel: Okt 19 1774, Sønderho
Død: Apr 29 1816, Sønderho

Niels Peder Poulsen
Fødsel: Aug 18 1771, Sønderho
Død: Nov 5 1825, Udendt
Beskæftigelse: Skibsfører

Ellen Pedersdatter
Fødsel: Aug 31 1771, Sønderho
Død: Apr 4 1859

Jens Jensen Michelsen
Fødsel: Okt 17 1807, Sønderho
Død: Okt 29 1838, Sønderho
Beskæftigelse: Sømand

Kjersten Anthonisdatter
Fødsel: Feb 7 1808, Sønderho
Død: Nov 19 1866, Sønderho
Beskæftigelse: Stromagerkjersten

Jens Nielsen Callesen
Fødsel: Jun 6 1811, Sønderho
Død: Omtrent 1834, Rosklide
Beskæftigelse: Skibsfører

Sidsel Nielsdatter
Fødsel: Jul 27 1812, Sønderho
Død: Nov 3 1866

Anthonis Jensen Michelsen
Fødsel: Mar 17 1831, Sønderho
Død: Mar 12 1891, Sønderho
Beskæftigelse: Skibsfører

Birthe Cathrine Jensen
Fødsel: Okt 28 1829, Sønderho
Død: Jun 5 1899, Sønderho

Sidsel Jensine Michelsen
Fødsel: Jul 11 1876
Død: Mar 23 1937

Efterkommere af Oskar Thyge Jensen

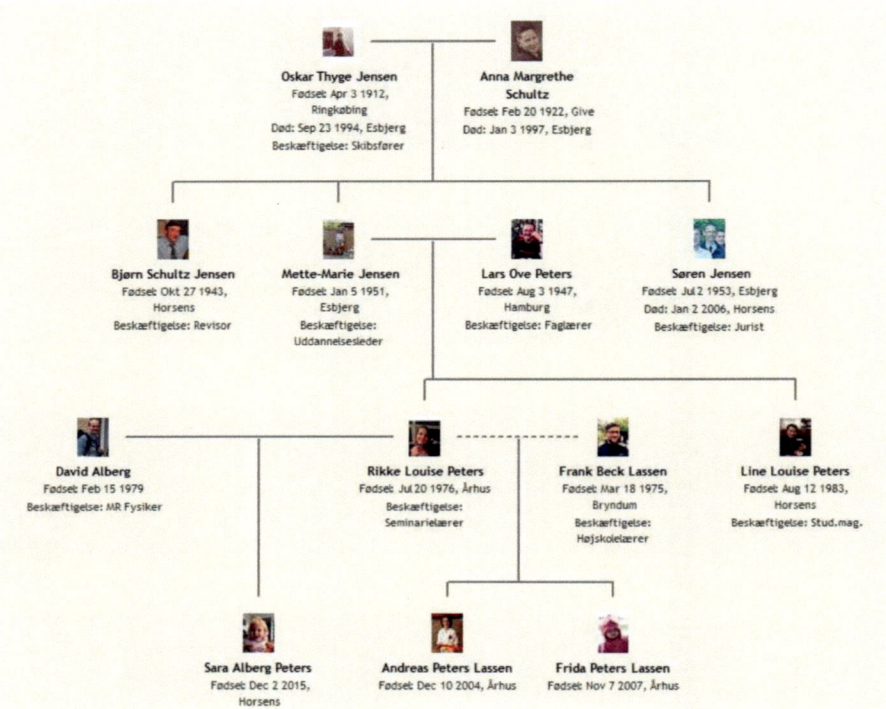

viser, at vi for knap halvdelens vedkommende (de ældste), dvs. 29 ikke præcist ved, hvad de har beskæftiget sig med i 7. generation. Vi ved dog, at en var kroejer, en var gårdejer og en tredje var degn. Sønderho Kro, som i dag er et mondænt spisested, har altså været i familiens eje helt tilbage i nogle år mellem 1728 og 1794. Værten dengang hed Lars Matzen Kromand. Først fra 6. generation har vi helt præcise oplysninger om forfædrenes erhverv. Her gælder, at de 23 af 34 var sømænd. Det svarer til 68 %. Af disse nåede de 20 at blive skibsførere. Det svarer til 59 %. En blev matros, en anden blev sågar vicekommandør og Oskars egen far var hovmester.

Af det samlede antal blev to noteret som værende forlist hvilket betød, at man ikke anede, hvor de var blevet af. De kom aldrig tilbage fra en rejse. Andre to er noteret som værende druknet hvilket betød, at kollegerne havde meldt tilbage til familien, at de var omkommet ved udøvelsen af deres erhverv. Det var, og er for så vidt stadig, et relativt farligt erhverv at være sømand. Mere bemærkelsesværdigt er det derfor, at netop Oskar ikke var blandt de, der omkom. Han var nemlig sømand i en ekstremt farlig periode, hvilket vi vender tilbage til. Hans efterkommere, og her tænker jeg på Bjørn (som er adopteret af Oskar), Mette-Marie, Søren, Rikke, Line, Andreas, Frida og Sara kan være taknemmelige for det. De havde ikke eksisteret, hvis Oskar havde mistet livet som krigssejler under Anden Verdenskrig. Heldigvis endte det ikke på den måde.

Med sådan en perlerække af forfædre var det måske ikke så mærkeligt, at Jens Mikkelsen Jensen forlangte, at nogle af hans sønner ligeledes blev sømænd og helst skibsførere. Han havde fem sønner, Jens Jensen som blev skibskok og på den måde kom til at gå direkte i farens fodspor, Thomas Ejnar Jensen som blev revisor, Anthonis Jensen som blev skrædder, Karl Bernhard Jensen som blev matros og senere havnebetjent og så endelig Oskar Thyge Jensen – den yngste, der opfyldte drømmen og blev skibsfører. Jens Mikkelsen Jensen døde først i 1966 og nåede derfor at opleve hele sin søns karriere helt fra bunden og op til rederiets flagskipper. Derudover havde han også en datter, Metha Jensen. Den ældste Jens samt Oskar og Karl – de to yngste

Huset Vester Land 24, Sønderho på Fanø. Det er Oskars niece Inger Merete Engsted og hendes mand Niels Erik Engsted, som i dag bor i huset. ©Google Maps.

Huset Vesterland 24, Sønderho, set fra den modsatte gavl, efter et maleri. Det siges at personen i billedet forestiller Jens Mikkelsen Jensen, der er ved at hyppe sine kartofler. I baggrunden til højre ses toppen af Sønderho Kirke.

sønner, var således forudbestemt til at blive en del af den stamme, som man kalder søens folk.

Den 27. maj 1900 blev Jens Mikkelsen Jensen (Oskars far) fra Sønderho gift med Sidsel Jensine Mikkelsen, ligeledes fra Sønderho. Han var på det tidspunkt 25 år og hun var 24 og allerede enke. Oprindelig havde hun været gift med Thomas Øhle den 20. december 1895, kun 19 år gammel. Ægteskabet holdt kun i to år. I 1897 blev Øhle erklæret forlist – også han havde været sømand. Men hun nåede dog trods alt at få et barn med ham, Anthonis, der blev født den 22. oktober 1896, som dog desværre døde som ganske spæd den 27. januar 1897. Det var barske vilkår i datidens Danmark, ikke mindst på Fanø. Spædbørnsdødeligheden var høj for over hundrede år siden. Interessant er imidlertid, at ingen af Jens´ og Sidsels fælles børn blev født på Fanø. Årsagen var, at Jens Mikkelsen Jensens gerning som hovmester i Vandbygningsvæsnet førte ham vidt omkring i Kongeriget. Oskar blev således født i Ringkøbing. Det forhindrede ham (og søskende) dog ikke i at tilbringe mange dage og stunder på øen hos deres farmor i Sønderho, Mette Jensen (født Andersen) som først døde i 1936, og som de alle elskede. De øvrige bedsteforældre var allerede døde, da børnene blev født. Fanø, nærmere betegnet huset på Vester Land 24 i Sønderho, var hjemstavn for Jens´ og Sidsels børn. Jens Mikkelsen Jensen arvede huset efter sin mor, og da han selv døde, overgik det til hans datter Metha, som overdrog det til sin egen datter Inger Merete Engsted, der nu ejer og bebor det med sin mand, Niels Erik Engsted. Herved kan vi konstatere, at kærligheden til Fanø fortsatte til næste generation – altså også Jens Mikkelsen Jensens børnebørn bevarede forbindelsen til øen. Flere af dem kom til at bo i henholdsvis Sønderho og Nordby det meste af deres liv. Vi har altså at gøre med en ægte Fanøslægt.

Farmor Mette må have betydet meget for Oskar. Det er næppe helt tilfældigt at han valgte at opkalde sin førstefødte, datteren Mette-Marie efter hende.

Oskar havde et godt hoved. Som alle andre børn kom han i skole, hvor han hurtigt lærte at regne, læse og skrive og det blev fag, som han var dygtig til, ikke mindst regning. Derudover ved vi intet om hans skoletid og opvækst.

Bortset fra sommerdage, der blev tilbragt med at sejle rundt i farvandet mellem Sønderho og Esbjerg for at studere sæler, der solede sig på sandbankerne, så er vores viden om, hvad Oskar bedrev i tiden fra han kom ud af skolen og til han kom i lære som sømand også ganske sparsom.

Sejlskibet Ørnen – en tremastet bramsejlsskonnert. Det første skib, som Oskar påmøn-strede.

Oskar som ungmand ved Ørnens rat.

Men vi ved, at han lærte sømandskab fra bunden. I 1930, kun 18 år gammel, fik han hyre på den tremastede bramsejl[1] skonnert Ørnen. Skibet var på 250 BRT[2] – et relativt stort sejlskib af den type. Det blev bygget på Øxenbjerg Skibsværft[3] i 1913.
En skonnert er en sejlskibstype med gaffelsejl på alle master og stagsejl mellem den forreste mast og bovspryd[4] og klyverbom[5]. Med denne rigning kaldes den også sletskonnert. En topsejlsskonnert har desuden to råsejl, under- og overtopsejl på den forreste mast. Er den rigget med et tredje råsejl, et bramsejl, kaldes den bramsejlsskonnert.

Skonnerten regnes for at være udviklet i Nordamerika midt i 1700-tallet, muligvis fra nogle hollandske skibstyper. Da skonnerter kræver mindre mandskab og sejler bedre i bidevind[6] end skibe med råsejlsrigning, blev typen meget populær over hele verden. Ej heller skonnerter kunne sejle i direkte modvind, men næsten. De kunne nå frem til målet, når blot der var vind. To-, tre- og firemastede skonnerter var almindelige i 1800-tallet, men på det tidspunkt, altså i 1930, da Oskar blev forhyret, var de allerede en anakronisme – ude af trit. Sejlskibstiden var for længst forbi. Trediverne var dampskibenes guldalder, skønt man allerede på det tidspunkt kunne se, at også den æra snart ville være forbi. Dieseldrevne motorskibe og oliefyrede kedler med dertilhørende dampturbiner var allerede opfundet og kommet i drift. Årsagen til at skonnerter fortsat fandt anvendelse på Oskars tid må søges i, at det endnu ikke var lykkedes at udvikle små og billige motorskibe. Ørnen havde ikke været vanvittig dyr at bygge og var fortsat rentabel i drift, når der skulle sejles beskedne laster til mindre havnebyer, som var urentable for større damp- og motorskibe. Årsagen til at Oskar skulle forhyres på Ørnen må formentlig igen søges hos hans far. Han har vel ment, at godt sømandskab bedst læres på den type skibe, som hans far og svigerfar havde sejlet på. Her kunne man lære det fra grunden af. Det kunne der jo være noget om. Det er vel ikke helt tilfældigt, at sejlskibe, bortset fra hobbybrug, fortsat anvendes som skoleskibe. At have stået i lære på et sejlskib var også et godt udgangspunkt, hvis man senere skulle få ambitioner om at komme på navigationsskole.

Oskar kom om bord som dæksdreng. Efter et års sejltid blev han forfremmet til ungmand[7]. Han forblev på skibet i to år, hvorefter han påmønstrede et dampskib som letmatros.

Ørnen og en flåde af tilsvarende skonnerter sejlede med stykgods primært indenfor de danske farvande fra den ene provinshavneby til den næste, hovedsageligt

Drengene på Ørnen - Oskar nr. 2 fra venstre.

på Jyllands østkyst, på samme måde som lastbilerne i dag forsyner landets byer med de nødvendige dagligvarer. Store lastbiler fandtes ikke dengang. De blev først udviklet og kom i drift et godt stykke tid efter Anden Verdenskrig. Sejlskibene forsvandt, da man opfandt den lille motorskibstype, der fik betegnelsen coaster. Skibstransport af dagligvarer forsvandt først i midten af 1970´erne.

Selvom Ørnen primært blev brugt til transport af varer i indenrigsfart, så krydsede den skam også Nordsøen og kom til Newcastle. I familiens eje befinder der sig billeder af skibet, hvor det ligger i denne havn. Billederne var på størrelse med postkort, og et af dem benyttede Oskar som sådan (se side 19). Han sendte det hjem til sin far, idet han bagpå havde skrevet, "Kan du se hvor fint jeg har gjort Bramsejlet fast". Far Jens blev på denne måde holdt ájour med sønnens uddannelse og færdigheder.

Som dæksdreng deltog Oskar i alt forefaldende arbejde, såsom rengøring, rengøring og atter rengøring. Rengøring af dækkets dørk[8], lastrum og rengøring af mandskabets kamre var kerneopgaver. Kan man lære noget af at gøre rent, vil mange unge sikkert spørge sig selv i dag? Ja, det kan man. Forud for rengøring går oprydning. Det er essentielt, at der ikke findes rod på et skib, at alt befinder sig der, hvor det forventes at være, og det lærte Oskar på den måde. Mange år senere, da Oskar for længst var blevet skibsfører og kaptajn, kunne han med jævne mellemrum finde på at inspicere skibet fra krumtap til øverste dæk. I de første år kunne han godt finde forhold, der ikke var som de skulle være. Skete det, så vankede der skideballer. Efterhånden som de forskellige besætningsmedlemmer lærte, hvad Oskar forstod ved orden og renlighed, forekom det sjældnere og sjældnere, at han fandt forhold, der ikke levede op til hans høje standard og forventning.

En anden vigtig opgave, som Oskar deltog i, var sejlrebning. Det meste af det kunne naturligvis klares fra dækket, men når bramsejlene skulle rebes krævedes, at man klatrede op i masten og op til sejlene. Her var der tale om et job, der typisk blev overladt til besætningens yngste medlemmer, nemlig dæksdrengene, ungmændene og letmatroserne. For det første var det ikke et helt ufarligt job. Man kunne risikere at falde ned og brække både arme og ben. Man kunne sågar risikere at falde i vandet og drukne, hvis man ikke kunne svømme. Langt fra alle sømænd kunne det. For det andet krævede jobbet, netop på grund af farligheden, at det blev udført af unge mennesker med endnu bevægelige og fleksible lemmer. Det krævede også en vis hurtighed og dermed kondition. På de gamle sejlskibe var de unge mennesker ikke overvægtige, og de var heller ikke henvist til at skulle træne deres kroppe ved hjælp af sindrige motionsmaskiner. Træningen fulgte automatisk med jobbet. Oskar var, som nævnt, selv stolt over den måde han udførte arbejdet på.

Som tidligere nævnt blev Oskar forfremmet til ungmand. Det betød, at han fik lov til indgå i rorgængervagten. Det var langt fra alle, der fik lov til det. Kun de, som skipperen kunne stole på. På et sejlskib er det afgørende, at rorgængeren er i stand til at holde kursen. Selv små afvigelser kunne få fatale konsekvenser. Det værste, der kunne ske for en rorgænger, var at falde i søvn hen over skibsrattet.

Når man ser på billedet af Oskar bag rattet og foran kompasset (se side 20), kan man ikke lade være med at spekulere lidt over, hvad han mon tænkte, når han stod der ensomt og var lige ved at falde i søvn, fire timer i træk og sørgede for, at skibet blev holdt på kurs. Det var ofte en kold tjans. Vind og havskum sprøjtede op på ham. Behageligt var det ikke, når man tænker på, at han egentlig hellere ville have siddet i en stol på et opvarmet kontor. Havde Oskar den slags tanker? Jeg tror det ikke. Bortset fra episoden på værtshuset på havnen i Esbjerg har jeg aldrig oplevet ham som værende selvrefleksiv. Slægtninge og venner, der havde kendt ham i mange år, vil give mig ret i det. Oskar var ikke nogen drømmer. Han levede i nuet og havde evnen til at få det bedst mulige ud af en given situation, sådan som den nu udfoldede sig for ham. Han tilpassede sig omstændighederne. Derfor blev han også en dygtig sømand, der aldrig svigtede i en kritisk situation. Der gik ikke panik i ham. Når han skrev sætningen, "se hvor fint jeg har lagt bramsejlene" til sin far på postkortet, der viste Ørnen i havn, var det fordi han ønskede, at Jens Mikkelsen Jensen skulle være stolt af sin søn. Det ville han næppe have gjort, hvis han havde været bitter på sin far, der mere eller mindre havde tvunget ham ud i den ikke videre behagelige og for den sag skyld også farlige situation, som han nu befandt sig i. Nej, tværtimod – Oskar affandt sig med omstændighederne og var tilfreds. Han var kommet på Ørnen for at lære noget og udføre arbejdet, så skipperen var tilfreds.

**

Noter

1   Bramsejl er råsejl, der føres på mastens øverste stang, bramstangen. På store skibe kan bramsejlet være delt i et over- og et underbramsejl. Et råsejl er i skibsterminologi betegnelsen for et firkantet sejl der udspændes på en rå, som den stang, der krydser masten vandret.

2   Brutto Register Tonnage (BRT) og Netto Register Tonnage (NRT) var før i tiden en måleenhed for det samlede rumfang af skibes forskellige rum. Enhederne anvendes ikke mere, i stedet for bruges BT og NT for bruttotonnage og nettotonnage. BRT omfatter rumfanget af alle rum under dæk og alle lukkede rum over dæk. BRT blev desuden anvendt til at fastsætte besætningens størrelse. NRT bestemmes ved i bruttotonnagen at gøre fradrag

for rum for føreren og mandskab, samt rum for navigering og skibets drift samt rum for fremdrivningsmaskineriet. NRT blev brugt til at betale afgifter efter. 1 BRT og 1 NRT er lig med 2,83 m3 = 100 cubikfeet. På trods af at det hedder ton, hvilket normalt er enheden for 1.000 kg (altså vægt), er der tale om et rummål og ikke en vægtangivelse. Skønt de korrekte enheder i dag er BT og NT, benytter jeg i det efterfølgende den gamle, BRT.

3   Niels Troensegaard drev skibsbygning i Thurøsund, og i 1869 overtog sønnen, Peter Troensegaard, værftet, som han i 1875 flyttede til Øxenbjerg på Svendborgs østside. Han byggede ret store skibe som skonnertbriggen HARRIET på 185 BRT samme år, som værftet flyttede. Peter Troensegaard solgte Øxenbjergværftet til skibsbygmester Anders Jensen i 1893, og han byggede skibe på det til efter 1920. I slutningen af 1800-tallet blev en serie tremastede skonnerter søsat fra værftet, og lige efter WW1 byggede værftet flere firemastede skonnerter.

4   Et bovspryd er svært, skråtstillet rundholt, som i et sejlskib rager frem som forstavnens forlængelse. Bovsprydets primære funktion er at skabe afstand mellem den forreste mast og de stag, der forstøtter masten foreefter. En sekundær funktion er at udgøre det nedre fastgøringspunkt for forsejl. Bovsprydet kan til denne funktion være forlænget med en klyver- eller jagerbom.

5   En klyver er et trekantet forsejl, der føres på et stag mellem klyverbom og forreste mast. I store sejlskibe er der sædvanligvis to klyvere, en yderklyver (forrest) og en inderklyver.

6   Bidevind er det tætteste man kan sejle på modvind.

7   Ungmand eller jungmand er en ung sømand med mindst ét års sejltid som dæksdreng. Man kan sige, at han er anden års lærling. Efter 1 års sejltid son jungmand kan han mønstre ud som letmatros.

8   Skibsgulv.

Matros

Efter to år på Ørnen, i 1932, skiftede Oskar – han var i mellemtiden blevet 20 år – til det gode dampskib SS Alexandra. Skibet var da helt nyt. Det blev bygget på Helsingør Jernskibs- & Maskinbyggeri A/S og afleveret til DFDS den 26. august 1931. Det forblev i drift hos rederiet helt frem til 1964, hvor det blev solgt til udlandet.

Skibet havde 1463 BRT og var således knap seks gange større end det, som Oskar var vant til. Det kunne skyde en fart på maximalt 13,5 knob[3], hvilket svarer til cirka 25 km/t. Det havde to dæk, et køleanlæg for eksport af landbrugsprodukter, en lodret stævn og et krydserhæk[4]. Desuden var det udstyret med en compounddampmaskine[5], der kunne yde 1570 HK og sørge for den relativt høje fart for et dampskib. Alexandra var et typisk dampskibsguldalderskib og derfor ret moderne for sin tid. Det blev konstrueret af rederiets daværende direktør J. A. Körbing (1885 – 1982), som blev teknisk direktør for DFDS i 1921 og siden administrerende direktør. I sit design lagde han vægt på, at skibet kunne medtage så meget last som overhovedet muligt samtidig med, at det stadig kunne passere slusen i Grimsby i England. Körbing

Ruten Esbjerg – Grimsby, 316 sømil. Gennemsnitoverfartstiden var ca. 12 timer.

havde designet skibet således, at sluseportene lige kunne lukkes, når skibet befandt sig midt i den.

Grimsby var skibets destination. Det er en lille havneby, som ligger på Englands østkyst omtrent 125 km lidt sydøst for storbyen Leeds. Den dag i dag befinder der sig et havnebassin i byen med betegnelsen "Alexandra Dock". Jeg formoder, at det var her Alexandra lagde til. Havnebassinet er dog næppe opkaldt efter skibet, idet både skibet og lokaliteten i Grimsbys havn formentlig er opkaldt efter samme person, nemlig dronning Alexandra. Hun var oprindeligt dansk prinsesse, datter af kong Christian IX, men blev senere prinsesse af Wales, da hun den 10. marts 1863 blev gift med prinsen af Wales, den senere kong Edvard VII af Storbritannien. Ganske vist befinder Grimsby sig ved udkanten af den store Humber flod, men byen ligger faktisk ved sin egen flod, River Freshney, derfor slusen. Sejler man kurs 65 i østlig retning fra Grimsby, rammer man efter at have sejlet 316 sømil (585 km) Esbjerg på den anden side af Nordsøen.

Grimsby er fortsat en vigtig havneby. Men i dag er det ikke kød, æg og smør fra Danmark, der bliver losset. Byens havn fungerer nu som hovedimporthavn for udenlandsk producerede biler. Disse sejles til byen i specialbyggede færger, således at de selv kan køres til og fra bord. Ser man på havnen via luftfoto, vil man opdage, at arealerne omkring Alexandra Dock er fyldt til randen af hundredetusindevis af biler.

Ved påmønstringen som letmatros blev Oskar formelt ansat i det rederi, som han forblev hos de næste 40 år, indtil han i en alder af 60 år gik på pension i 1972.

*

Vi plejer gerne at sige, at udviklingen går hurtigt nu til dags, men det gjorde den også for to hundrede år siden. De første dampmaskiner så dagens lys i midten af det 18. århundrede, men allerede hundrede år senere var de så udbredte, at der alene i Danmark fandtes så mange dampskibsrederier, at Carl Frederik Tietgen fandt det nødvendigt at fusionere dem til ét stort selskab. Ud fra den erkendelse stiftede man rederiet DFDS (Det Forenede Dampskibs Selskab) i 1866. Trafikken startede den 1. januar 1867 med 19 skibe og med Koch og Prior som direktører. Trods verdenskrige, kriser og omvæltninger eksisterer rederiet i bedste velgående den dag i dag som et af Danmarks største.

Helt siden begyndelsen i 1866 har DFDS-logoet været et hvidt kors på blå baggrund i forskellige udformninger, som bruges i forbindelse med firma-navnet. DFDS' "rederiflag", som det kaldes i det nautiske sprog, har således været uændret siden rederiet blev grundlagt.

Det hvide malteserkors blev først set i brug i 1862. Det er usikkert, hvorfor grundlæggerne valgte det hvide kors på blå baggrund fra Koch & Hendersons flag i stedet for en af de andre partneres flag, fx Priors. Men efter det danske nederlag i krigen i 1864 så Tietgen antageligt en form for national symbolik i dette kors på grund af ligheden med det hvide kors i det danske flag. Det første synlige bevis på brugen af et hvidt kors er et maleri af kunstneren Carl Neumann. Maleriet viser Koch & Henderson og hele den danske dampskibsselskabsflåde, som blev samlet i København i 1862, fire år før grundlæggelsen af DFDS. I maleriet er det hvide kors tydeligt vist på en blå baggrund. Det nuværende logo blev designet og introduceret i 2016. Det betyder, at rederiet havde været et velrenommeret firma i 66 år, da Oskar blev ansat i det. Dampskibe var dets økonomiske basis. Det er det naturligvis ikke mere. Det må have været noget af et spring at komme fra et lille sejlskib som Ørnen til et dampskib, der sådan cirka var seks gange større.

Bortset fra lidt olie og naturgas har vi i Danmark så godt som ingen naturressourcer. Vi råder hverken over store malm- eller stenkulsforekomster. Ej heller kan vi prale af råstoffer i form af sjældne atomer, mineraler eller kemiske forbindelser. Vi har vores jord og vi har vores beboere. I begyndelsen af 1700-tallet var jorden det altafgørende og de mennesker, der arbejdede på den, altså landbrug. Men omkring 1730 lod det sig ikke længere skjule, at lige præcis landets hovederhverv var stagneret. Nok kunne det brødføde den danske befolkning, der på det tidspunkt kun voksede ganske langsomt, men de eneste, der fik noget ud af det overskud, som landbruget kunne generere, var godsejerne. Men også de opdagede, at de i hvert fald ikke blev rigere. Derfor blev der indført en række foranstaltninger, der skulle få bønderne til at producere noget mere, heriblandt stavnsbåndet, som blev indført i 1733. Det bandt mænd mellem 6 og 36 år til at blive boende på det gods eller den herregård, hvor de var blevet født. Hertil kom ret barbariske afstraffelsesmetoder, såsom træhest, der skulle få oprørske bønder til at makke ret. I anden halvdel af 1700-tallet måtte man konstatere, at det pres, man havde lagt på bønderne, ikke havde haft nogen synderlig effekt på produktionseffektiviteten. En af de første der indså, at der skulle andre midler til, var Johann Friedrich Struensee. Da han fik magt over det danske stats-apparat, forsøgte han at indføre lempelser for bønderne. Desværre havde Struensee glemt at indgå en alliance med den del af statsapparatet, der skulle beskytte ham. Hans reformer kostede penge, og dem kunne han kun få ved hjælp af besparelser i statsbudgettet, deriblandt også militæret. Men netop hæren var den magtinstans der kunne beskytte ham mod hans modstandere, der hurtigt indfandt sig, da reformerne blev en realitet. Modstanderne fik overtaget og fik ham trukket fra magten og henrettet den 28. april 1772. Alle reformer blev rullet tilbage.

Da kong Fredrik VI overtog magten som kronprinsregent i 1784 (konge fra 1808 – 1839), indså han hurtigt, at Struensee havde haft ret. Konstateringen fik ham til at ophæve stavnsbåndet, hvilket fik effekt fra år 1800. Til ære og minde for den gestus rejste man frihedsstøtten på Vesterbrogade, hvor den nu står foran Københavns hovedbanegård. På inskriptionen på østsiden står:

Kongen kiendte
at Borgerfriehed bestemt ved retfærdig Lov
giver Kierlighed til Fædreland
mod til dets Værn
lyst til Kundskab
Attraae til Flid
Haab om Held

På vestsiden står:

Kongen bød Stavnsbaandet skal ophøre
Landboe Lovene gives Orden og Kraft
at den frie Bonde kan vorde
kiek og oplyst
flittig og god
hæderlig Borger
lykkelig

Det fortæller næsten det hele. Stavnsbåndets ophævelse blev indledning til den udvikling, vi i dag kalder "Landboreformerne". Det medførte, at størstedelen af landets landmænd blev selvejere, enten som regulære bønder eller som husmænd, der nu blev i stand til at generere et regulært overskud. Den status bevirkede, at Danmark nu kunne overtage rollen som en af Europas største fødevareeksportører. Der kom gang i væksten, som vi kalder det i dag. Vores nabolande, Tyskland og ikke mindst Storbritannien, blev hovedaftagere, og transportsektoren, navnlig skibsfarten, fik en regulær saltvandsindsprøjtning, der for alvor tog fart i midten af 1800-tallet.

Efter krigen mod Preussen i 1864 havde Danmark mistet alle sine havne på den jyske vestkyst i Slesvig og Holsten. Eftersom det var besværligt at sejle fra østkysthavnene rundt om Skagen til England, blev det et politisk krav at få en ny havn på den danske Vestkyst til håndteringen af landbrugets eksport af levende kreaturer, svin og får til De Britiske Øer. En lov blev vedtaget den 24. april 1868, der påbød anlæggelsen af en havn ved det lille sogn Jerne, der blot bestod af 23 huse. Først blev havnen anlagt, dernæst byen Esbjerg. Folk kom til. Først kom de, der skulle anlægge havnen, siden de, der skulle betjene den. Så kom de, der skulle betjene dem der betjente havnen og siden kom alle de andre. Resten er i historie.

Da Oskar i 1932 blev et lille tandhjul i det maskineri, som vi kalder eksport af landbrugs-varer, havde forretningen, som nævnt, allerede været godt i gang i henved tres år. Det hele startede fra Esbjerg med det gode dampskib Riberhus. Men siden var der sket et sceneskift. Tidligere blev dyrene sejlet over Nordsøen i levende live. Det havde så den fordel, at lasten selv kunne gå om bord. Kølefaciliteter fandtes ikke på datidens skibe. Men det hele blev anderledes med Alexandra. Hun var lidt af en flydende fryser. Nu kunne grisene slagtes i Danmark og leveres som halve i form af flæskeballer, som Oskar kaldte dem. Det var skibets hovedlast. Derudover medtog skibet også mejeriprodukter som smør og ost samt konserves. Briterne elskede den letsaltede Lurpak.

Esbjerg havde ikke ry for at være verdens hurtigste havn. Det skyldtes, at den ikke havde nogen lastekraner, som vi kender det fra København og Århus. Også det måtte direktør Körbing tage højde for, da han konstruerede skibet. Det problem har byens havn i øvrigt stadig, og skibskonstruktørerne har lige siden måttet tage hensyn til det. I dag løses problemet ved, at kølecontainerne ikke løftes om bord med en kran, men køres ind i lastrummet ved hjælp af små traktorer. Det har bevirket, at DFDS helt frem til i dag har kunnet bevare en form for monopol på transport af

Størstedelen af besætningen på SS Alexandra i 1932 (minus to). I øverste række fra venstre (stående): Fyrbøder, Matros, Matros (Karl B. Jensen – Oskars bror), Letmatros (Oskar), Matros, Bådsmand, Matros, Matros, Koksmat, Køkkenchef, Ungkok. I nederste række (siddende): Maskinchef, Maskinist, Overstyrmand, Skibsfører, 2. Styrmand, 3. Styr-mand, Hovmester.

landbrugsvarer fra Esbjerg. Ingen andre containerskibe, altså lige bortset fra DFDS´ egne og nuværende RoRo-skibe[6], kan lastes i Esbjergs havn. Körbing løste problemet ved at indsætte luger i Alexandras sider – herigennem kunne lasten bæres om bord fra mand til mand.

Rederiet havde sine egne havnearbejdere, både i Esbjerg og i Grimsby. De var fastansatte, og det var et privilegium på den tid. Havnearbejdere var normalt løsarbejdere, der kun fik job, når der nu var et skib, der skulle lastes eller losses. Men DFDS lagde vægt på at have folk, som man kunne stole på, og som vidste noget om, hvad de havde med at gøre. At undgå et havari begynder med korrekt stuvning af lasten. Der kunne nemt gå dage mellem havnearbejdernes arbejdsbelastning. Men når der skulle lastes eller losses, skulle det ske så hurtigt som muligt og i døgndrift. Dag eller nat, søn- og helligdage spillede ingen rolle. Der skulle tages fat og det var hårdt. En flæskeballe vejede omkring 150 kg, som en mand skulle bære cirka 50 til 100 m, inden den blev overtaget af den næste havnearbejder ved lugen i skibssiden. Det fortsatte indtil skibet var lastet, i 8, nogle gange i 12 og undertiden sågar i 14 timer i træk. Lasten ankom primært med jernbanevogne, der blev kørt helt frem til kajkanten. I lugen i skibssiden, når lasten blev overtaget, blev den båret frem til endnu en havnearbejder, der stuvede den på plads med en lille firekran. Hele processen blev overvåget af en formand og kontrolleret af 3. styrmanden, som havde ansvaret for lasten. På den ene side skulle han checke, at der ikke blev for store huller mellem ballerne og smørdritlerne. På den anden side skulle han kontrollere, at amningen[7] var korrekt, således at skibet befandt sig i balance, både i forhold til stævn og agter og i

Oskar som rorgænger på SS Alexandra – bemærk at han ikke står inde i et lukket styrehus. Den slags fandtes ikke på mindre fragtskibe. Sådanne kom først for alvor i brug efter Anden Verdenskrig. Det betyder, at Oskar i de første 15 år af sin erhvervsaktive periode, både som matros og styrmand befandt sig ude i al slags vejr, både sommer og vinter, når han havde brovagt. Hvilken belastning det havde været for kroppen mærkede han først, da han var kommet langt oppe i årene.

forhold til styrbord og bagbord. Det sidstnævnte er særligt vigtigt. Ligger skibet skævt, samtidig med at lasten er stuvet for løst, kan den let forskubbe sig, og skibet vil uvægerligt komme i vanskeligheder ved ekstreme vejrforhold. Her skal jeg indskyde, at Oskar absolut intet havde med hverken lastningen eller losningen at gøre. Lige bortset fra 3. styrmanden, så gjaldt det også resten af skibsbesætningen.

Som vi kan se af billedet (se side 29), var der 6 matroser plus en bådsmand om bord. Hvad lavede de? Hvad bestod Oskars arbejde i? Som vi kan se på det næste billede (side 30), indgik han også i rorgængervagten. Heraf kan vi slutte, at Oskar må have haft et godt ry. Rorgængervagten blev kun overladt til matroser eller letmatroser, som man kunne stole på, ligesom på Ørnen. En rorgænger, der som ungmand kunne holde et sejlskib som Ørnen på kurs, kunne man stole på. Det vidste man. Derudover deltog Oskar naturligvis også i matrosernes øvrige arbejdsopgaver. Når skibet var i søen bestod det først og fremmest i at vedligeholde og rengøre det. Der skulle ustandseligt bankes rust og males. Et skib som Alexandra var, ligesom alle andre, udsat for vind og vejr og saltvand. Det angriber skibets jernplader konstant. Hvis rusten ikke fjernes,

Oskar på Alexandra med sin forlovede og senere hustru, Anna Margrethe Schultz (nr. 3 fra venstre) og dennes lillesøster Kirstine Schultz, kendt som Stip.

og der efterfølgende ikke males over, ruster skibet simpelthen væk. Når skibet ligger i dock, er det sådan set kun de dele af skroget der ligger under vand, som får behandling. Dækket, skibssiderne og bygningerne sørger matroserne for, mens skibet sejler eller ligger i havn. Oskar anså det arbejde for at være af meget stor betydning. Et skib skulle se ordentligt ud, ifølge Oskar. Efter Anden Verdenskrig bevarede han et livslangt negativt syn på grækere, bare fordi de havde tilbageleveret SS Hindsholm som en rustbunke, efter at de havde lånt det under krigen.

Men også indvendigt skulle skibet vedligeholdes. Der var ikke bare den daglige rengøring, også her skulle der males og plettes over de steder, der trængte. Udover rorgængervagt og vedligeholdelse var der også lastkontrol. Lasten blev stuvet. Den befandt sig ikke i store og lukkede containere som i dag. Et skib er i konstant bevægelse. Jo hårdere vejret, jo større bevægelser, der kunne forskubbe lasten. Det skulle der holdes øje med og rettes op på om nødvendigt. Hvis lasten forskubber sig, kan det får fatale konsekvenser. Skibet kan få slagside, som i hårdt vejr kan resultere i kæntring. Sikkerhed er vigtigt om bord på et skib. Oskar lærte det allerede som matros, og det forlod ham aldrig.

En flæskerejse, inklusive lastning og losning, frem og tilbage mellem Esbjerg og Grimsby, tog dengang mellem 5 og 7 dage. Der var kalkuleret med en uge. Gik det hurtigere, var det kun godt. Tog det en hel uge eller mere, skyldtes som regel hårdt vejr, som Nordsøen er præget af i de kolde måneder. Undertiden kunne der også opstå kludder i logistikken. Men rederiet lagde enorm vægt på, at denne færgetrafik forgik så præcist, smertefrit og problemløst som overhovedet muligt. Det gør det i øvrigt stadig. Har man specialiseret sig på linjetrafik som DFDS, er det et must, at tidsplanerne overholdes. Den rutine og det gode ry, som rederiet gennem årene har oparbejdet på det punkt, giver det ikke sådan lige slip på.

Vi ved ikke, hvor mange flæsketure Oskar tog med Alexandra til Grimsby i 1932. Men vi ved, at han på en af sine fridage besøgte byen Louth, som ligger omkring 25 km syd for Grimsby. Det er en lille by med kun cirka 16.000 indbyggere (2011). Byen besøges ofte af turister, sikkert også i 1932, skønt den, bortset fra et kvægmarked, egentlig ikke rummer større seværdigheder. Det er gammel by med små hyggelige gader. Den er nok en af de ældste i hele Lincolnshire, idet arkæologiske fund har vist, at den har eksisteret som handelsplads helt tilbage til bronzealderen.

Derudover ved vi, at Oskar igen kom til at sejle på Alexandra langt senere, i 1947, men denne gang som 2. styrmand (se billedet på foregående side).

Endvidere ved vi, at han samme år (1932) også blev forhyret på SS Frigga som fuldbefaren matros. Frigga var ligeledes et dampskib på 1095 BRT, som var blevet bygget på Frederikshavn Værft & Flydedok og afleveret til DFDS den 7. november

SS Frigga, som Oskar også har været påmønstret, dog længe før det blev en del af dansk skibshistorie. Den første, der mistede livet efter at de danske skibe var kommet i britisk tjeneste var en fyrbøder på Frigga, J. Alexander Nielsen, som døde den 1. juli 1940.

1922. Det kunne skyde en fart på 11 knob. Det havde to dæk og havde ligesom Alexandra kølefaciliteter.

Frigga må på daværende tidspunkt også have haft en rute til det vestlige Middelhav, hvor det på et tidspunkt også anløb Barcelona. Lasten har formentlig bestået af sydfrugter. Her var Oskar på sightseeing, hvor han blandt meget andet overværede en tyrefægtning.

Der knytter sig i øvrigt en ret interessant historie til netop det skib, som dog ikke har noget som helst med Oskar at gøre. Alligevel synes jeg, at den er værd at fortælle. Også Frigga blev overtaget Ministry of War Transport og sejlede for briterne under Anden Verdenskrig. Det lå tilfældigvis i Manchester, da tyskerne besatte Danmark den 9. april 1940. Som nævnt skønnes det, at omkring 800 – 1.000 danske søfolk omkom mens de var i allieret krigstjeneste. Den første var Julius Alexander

SS Paris i tørdok i 1933.

Oskar i fuld gang med at rengøre agterdækket på SS Paris.

33

Nielsen, som var 48 år. Han omkom ved en arbejdsulykke den 1. juli 1940. Han var fyrbøder på Frigga. Æret være hans minde.

Selvom skibsruten København-Aalborg (ligeledes DFDS) for længst var erklæret minefri i 1948, skete det utænkelige ved Hals Barre den 11. juni 1948, så at sige i krigens kølvand. Rutebåden SS Kjøbenhavn løb på en mine i de tidlige morgentimer. Det kunne have udviklet sig til en katastrofe. Kl. 3:30 passerede Kjøbenhavn med en fart på 14 knob Frigga, der skulle laste smør i Aalborg. Da 2. styrmand Johannes Bøje, der havde brovagten på Frigga, fik øje på Kjøbenhavn i morgendisen forude, sagde han henkastet til rorgængeren:»Nu kan den gamle spand da snart selv finde ind til Aalborg[1].« I samme sekund rejste sig en vandsøjle omkring rutebåden, og to sekunder efter kom drønet fra eksplosionen. Det var held i uheld, at Frigga lå så tæt på rutebåden. Over 247 personer blev reddet af Frigga, takket være dygtig indsats af kaptajn Leth og hans besætning. Hertil kom 14, der blev reddet af den lille tankbåd Dangulf Lubbe. 40 passagerer (muligvis 41, én er der aldrig skabt vished om) og otte besætningsmedlemmer omkom.

På det tidspunkt var det ikke til at vide, at samme skæbne skulle overgå Frigga selv. Hovmestermat, Egon Christensen fortæller[2]:

»I Vragguiden er SS Frigga af København angivet som forlist i 1949. Dette er ikke rigtigt, idet jeg var mønstret som Hovmestermat ombord. Den 27. november 1950 tidlig om morgenen, da vi var på rejse fra Odense til Hull med Landbrugsvarer, blev Frigga ramt af en kraftig eksplosion der sprængte hul i maskinrummet og i lastrum nr. 3. Jeg kom sammen med 5 af mine skibskammerater ombord i en livbåd og blev 5 timer efter taget ombord i et svensk motorskib MS Sagoland af Gøteborg som var på vej til Ålborg, hvor vi ankom ud på eftermiddagen, og senere hørte vi, at resten af den 22 mands store besætning alle overlevede og var bragt ind til Hals, hvor de overnattede. Friggas forlis blev meget omtalt i pressen, idet skibet 2 år tidligere i 1948 havde reddet cirka 270 personer op af havet, efter rutebåden SS Kjøbenhavn var sunket efter en minesprængning i samme område. Frigga var en smuk lille kulfyret damper bygget i 1922 og havde under hele krigen sejlet i allieret tjeneste bl.a. på den farlige rute til Island og var sluppet godt fra alle farer.« Den rute vender jeg tilbage i et efterfølgende kapitel.

Vi har desværre ikke præcise oplysninger om, hvilke skibe Oskar herefter sejlede på. Dog ved vi, at han i 1933 sejlede på SS Paris. Det er i sig selv besynderligt, fordi det ikke var et skib, der var ejet af DFDS. Skibet hørte til Dampskibsselskabet Pacifics flåde. Årsagen til, at Oskar lige pludselig var forhyret på et skib i et andet rederi, kendes ikke. Muligvis har han været udlånt til det rederi, eller måske har hele skibet været chartret af DFDS.

*

Navigationsskolen i Nordby på Fanø, der i dag fungerer som et sundhedshus. ©Fanø Kommune.

Hvordan det præcis gik til, at Oskar fandt på at videreuddanne sig til navigatør, ved vi ikke. Vi gætter på, at han blev det anbefalet. Måske har det været planen og ambitionen fra starten. Jens Mikkelsens far og svigerfar, Oskars bedstefædre, havde begge været skibsførere. Skulle denne tradition fortsættes? Oskar kunne løfte arven, for han havde evnerne. Han havde flair for teoretisk stof, og Jens Mikkelsen Jensen, var så stolt over det, at han var villig til at medfinansiere uddannelsen. Statsstøtten var beskeden. Sønnen skulle have lidt lommepenge, og det fik han. Oskar kom på Navigationsskolen i Nordby på Fanø.

Her lærte Oskar blandt meget andet kunsten at navigere, hvilket i praksis betyder at bestemme ens position på jordkloden. I dag er det let. Man behøver blot at se på sin smartphone, og fluks kan man direkte aflæse ens aktuelle position i grader, minutter og sekunder. Det skyldes GPS (Global Positioning System), som ved hjælp af satellitter er i stand til at fortælle os præcist, hvor vi befinder os. Men den slags havde man ikke på Oskars tid. Her brugte man andre instrumenter, for eksempel en sekstant.

Netop for bedre at kunne navigere og stedbestemme ens position har man opdelt jordkloden i et kæmpemæssigt koordinatsystem, hvor x-aksen følger ækvator hele vejen rundt, mens y-aksen forløber fra nord- til sydpolen hele vejen rundt, samtidig med at den passerer byen Greenwich, tæt på London. Disse linjer har man valgt at kalde for længde- og breddegrader (longitude/latitude). Når min position er angivet som N55°52′22′′, Ø9°54′28′′, så betyder det, at jeg befinder mig på breddegraden

Sekstantlignende instrumenter op i gennem tiderne.

55, 52 minutter og 22 sekunder nord for ækvator og på længdegraden 9, 54 minutter og 28 sekunder øst for Greenwich. Havde det været syd for ækvator, havde der stået et S foran den første angivelse og havde det været vest for Greenwich, havde der stået et V foran angivelsen – på engelsk, N, E, S, W.

Søfolk har lige siden oldtiden, med instrumenter, der havde samme eller lignende funktion som den sekstant, Oskar brugte, kunnet bestemme breddegraden – bare ikke helt så præcist som Oskar kunne. Han havde nemlig også en nautisk almanak, hvori han kunne aflæse solens timevinkel i forhold til Greenwich time for time og deklinationsvinklen (solens højde i forhold til det aktuelle døgn). Når solen står højest på himmelen på en given dag, står den altid i syd. Den står længst mod syd omkring den 21. december og længst fra syd omkring den 21. juni på den nordlige halvkugle.

Ved hjælp af sekstanten målte Oskar vinklen mellem horisonten og et him- mellegeme, typisk solen, men det kunne også have været månen, en planet (Mars el. Jupiter), en stjerne eller en stjernekonstellation (fx Vædderen). En dygtig og rutineret navigatør kunne måle vinklen og på den måde beregne breddegraden med en nøjagtighed på 1 til 2 km.

Når vinklen til himmellegemet er målt, skulle han foretage en korrektion i forhold til den højde, han selv som observatør befandt sig på – fx skibsdækkets højde over vandspejlet. Herefter slog han op i sin nautiske almanak og aflæste heri solens deklinationsvinkel for den pågældende måledato og måleklokkeslættet. Dernæst beregnede han breddegraden b ud fra den korrigerede solhøjde h, som han målte ved hjælp af sekstanten og deklinationsvinklen d, som han slog op i almanakken efter:

$$b = 90° - h + d$$
$$55° = 90° - 57 + 22$$

Som nævnt, har søfolk brugt denne metode i århundreder. Men først, da den nautiske almanak kom i midten af 1800-tallet, blev den nogenlunde præcis. Tidligere måtte navigatørerne sjusse sig frem til solens aktuelle deklination (dens højeste placering på den pågældende dato).

At jeg befinder mig på breddegraden 55 fortæller mig sådan set blot hvor højt på kloden i forhold til ækvator, jeg befinder mig og ikke på hvilket sted på den aktuelle højde. Skal jeg kende den aktuelle placering, skal jeg også kende længdegraden (longitude). Nu vidste tidligere tiders søfolk jo altid, hvorfra de var sejlet, hvilken kurs, hvor længe og hvor hurtigt, de havde sejlet. På den måde kunne de så nogenlunde skønne sig frem til længdegraden. Men for at beregne længdegraden præcist skal man kende tidsforskellen mellem det nøjagtige og aktuelle lokale klokkeslæt og det aktuelle klokkeslæt for Greenwich-meridianen. Den teoretiske løsning af længdegradsproblemet er således ret simpel og har også været kendt i århundreder. Den praktiske derimod kræver et præcist ur – et kronometer (helst to), der kan placeres på et skib. Sådanne blev først konstrueret i midten af 1700-tallet. John Harrison, (1693-1776), en tømrersøn fra Yorkshire, var den, der løste opgaven. Mellem 1728 og 1762 byggede han fire stadigt bedre kronometre, hvoraf det sidste under en to måneders sejlads til Vestindien kun tabte ni sekunder.

Eftersom man regner med 360° for jordkloden og 24 timer rundt om ækvator, svarer 1 times tidsforskel mellem GMT (Greenwich) i vestlig eller østlig retning til 15° (360 divideret med 24), 1 minuts forskel svarer derfor til 0,25°.

Lad os nu holde fast ved, at jeg fortsat befinder mig på breddegraden N55° efter min måling med min sekstant. Jeg har to kronometre (eller digitalure) på mig. Det ene viser klokkeslættet for GMT, nemlig præcis 16:45. Det andet angiver den lokale tid der, hvor jeg befinder mig just nu, og det viser, at klokken her er 17:00. Eftersom tidsforskellen er 15 min, må jeg befinde mig på 3,75 (0,25 x 15) svarende til 4°15′ øst for GMT.

Min navigation siger altså: 55°0'0"N 4°15′0"E. Det betyder, at jeg befinder mig på Nordsøen et sted midt i mellem Durham i England og Fanø i Danmark. I dag angiver man i øvrigt ofte positionskoordinaterne i decimalgrader, hvilket i det tilfælde ville være ensbetydende med følgende notering: 55.000000, 4.250000.

Oskar (i midten) lærer at bruge sekstant sammen med to andre navigatørelever. Det foregik i 1935 i farvandet mellem Fanø og Esbjerg, vest for Fanø og ved indsejlingen til Esbjerg. På den måde opnåede Oskar et enestående kendskab til disse farvande. Siden kendte han dem som sin egen bukselomme. Det skulle han få gavn af senere i sin karriere.

Oskar lærte at beherske navigations-metoderne på Navigationsskolen i Nordby på Fanø og brugte dem også resten af sine dage som sømand, selv om brugen i hans senere år mere fik showagtig karakter. I 1960´erne, da han sejlede som kaptajn på krydstogtskibet MS England, viste han de rejsende, hvordan han bestemte skibets position ved hjælp af disse gamle instrumenter og metoder. Strengt taget var det ikke nødvendigt. Under Anden Verdenskrig blev der udviklet en række forskellige elektroniske navigationssystemer. Et af disse blev videre-udviklet af det engelske elektronikfirma Decca til civilt brug. Systemet var næsten lige så præcist

Oskars sekstant, som fortsat befinder sig i familiens eje.

som nutidens GPS-systemer og slog hurtigt igennem. Det havde dog to svagheder der nødvendiggjorde, at navigationsofficerer fortsat skulle lære at beherske de gamle metoder. Systemet var dyrt og blev derfor kun brugt på større skibe. Alle DFDS´ skibe var naturligvis udrustet med det. Systemets effektivitet var størst i kystnære farvande. Årsagen var, at det korresponderede med landbaserede radiofyr. På den anden side er den nøjagtige position af størst betydning, netop når et skib befinder sig tæt på kyster, hvor der er skær, sandbanker og farlige havstrømme. Ude på de store

Oskar øver sig med Morselampen.

og åbne have måtte man fortsat ty til sekstanten og tidsforskelsberegning. Her betød det ikke så meget, at positionsusikkerheden lå på maksimalt 2 km. Omkring år 2000 blev alt dette afløst af det nuværende GPS-system, som både er billigt og præcist og kan anvendes overalt på kloden.

Som tidligere nævnt kom Oskar på navigations-skolen i 1935. I 1936 bestod han styrmandsek-samen og skibsførereksamen i 1937. Så skulle han have været klar til at påmønstre som 3. styr-mand. Men præcis på det tidspunkt, da Oskar havde bestået begge eksaminer, var der ikke nogen ledig hyre til sådan en stilling i DFDS. Han fik selvfølgelig tilbudt hyre som matros, ja sågar bådsmand. Men det gik Oskars, og ikke mindst hans fars, ære for nær. Ganske vist havde han ikke fået topkarakter i alle fag, men to flotte eksamens-beviser havde han i lommen. Igen var det farens

MS Parkeston. Langt senere skulle det ende med at Oskar forelskede sig om bord på dette skib.

idé. Han anbefalede sønnen til også at tage telegrafisteksamen, samtidig med at han også lovede at understøtte dette foretagende. Det kunne være nyttigt, mente Jens Mikkelsen Jensen. Kun store fragt- og passagerskibe havde på daværende tidspunkt en selvstændig telegrafist forhyret. I de mindre skibe måtte en af navigationsofficererne tage sig af kommunikationen med omverden i det omfang, de beherskede teknikken. Oskar forblev på skolen og et halvt år senere bestod han også telegrafisteksamen.

Så ville skæbnen, at han ganske kort tid efter fik hyre som telegrafist på passagerskibet MS Parkeston, som sejlede på ruten Esbjerg – Harwich, egentlig til Parkeston Quay, deraf skibsnavnet. Bemærk at skibet var et motor- og ikke et dampskib på 1572 BRT. Det var udrustet med 2 stk. B&W 6-cyl. 4SA dieselmotorer med tilsammen 3.800 HK, svarende til 2.8 MW. Det var blevet bygget på Helsingør Jernskibs- & Maskinbyggeri A/S og afleveret til DFDS den 31. juli 1925. Det kunne medtage 124 passagerer på 1. klasse og 88 på 2. og skyde en fart på 15,5 knob. Det havde to dæk og kunne også medtage lidt last.

Hvor længe Oskar forblev på Parkeston ved vi ikke præcist. Men vi ved, at han på et eller andet tidspunkt mellem 1938 og 1940 endelig fik hyre som 3. styrmand på SS Hindsholm. Det er blandt andet dette skib, det skal handle om i det næste kapitel.

SS Hindsholm sådan som skibet så ud da Oskar blev forhyret som 3. styrmand omkring 1939. Bemærk broen - der er ikke noget lukket styrhus.

Hindsholm var på 1512 BRT og var udrustet med en 800 HK triple expansion dampmaskine. Det kunne skyde en fart på 8,5 knob. Det var blevet bygget på Frederikshavn Værft & Flydedok og blev afleveret til DFDS den 20. juni 1922. Hovedformålet med skibet var rutesejlads med træ og cellulose fra Åbo i Finland til København og Århus. Men i april 1940 lå skibet imidlertid i Manchester, hvor det skulle laste kul, som skulle retur til Århus. Det blev ikke til noget. En krig og Danmarks besættelse kom i vejen.

**

Noter

1 https://nordjyske.dk/nyheder/haard-men-nyttig-laesning/d27d7d52-1723-4711-8b26-195df0a6bd5f.
2 http://www.vragguiden.dk/wreck.asp?wreckid=3216.
3 Knob er en fartangivelse brugt til søs og i luften. Fartenheden knob betegner antallet af sømil i timen = 1,852 km/t = 0,514 m/s. Sømil eller international nautisk mil blev fastlagt som en international længdeenhed i 1929, som i dag er udbredt til alle lande. At SS Alexandra kunne sejle så forholdsvis hurtigt (13,5 knob) skyldtes dens compounddampmaskine (se note 5).
4 En afrundet agterende på et skib. Karakteristisk for det er, at det rager ud over roret og skruen.
5 En dampmaskine med mindst to (ofte flere) cylindere. Dampen ledes fra den ene cylinder til den næste, hvorved den komprimeres yderligere.
6 Acronym for "Roll on and Roll off".
5 Amning – skibets balance og dybdegang.

I udeflåden

Danmark blev besat af tyske tropper den 9. april 1940. I de tidlige morgentimer angreb værnemagten på flere fronter. En af dem var via grænsen ved Kruså. Her blev danske soldater dirigeret ud for at stoppe den. Det var en håbløs opgave, for ikke at sige en himmelfartskommando. De havde ikke en jordisk chance overfor den nazityske krigsmaskine og dens overmagt. De danske soldater var på ingen måde forberedt på den opgave, de blev sendt ud til. De vidste dårligt nok, hvad de skulle stille op. De havde ikke fået nogen forhåndsordre. De vidste ikke, om de skulle angribe de tyske tropper, eller om de bare skulle lade dem passere. De havde ikke de våben, fx tungt artilleri, der skulle til for at standse tyske panservogne. Der var ikke opsat vejspærringer eller pansergrave. Kort sagt, de blev mejet ned. Mange omkom og de blev siden ikke fejret som helte.

Mønstret ved den tyske besættelse i foråret 1940 og det nederlag, der var forbundet med det, fulgte det samme skema som ved de tre foregående krige, Danmark har tabt.

Selvom de danske magthavere siden 1850´erne vidste, at der ville komme krig, gjorde de intet for at forberede hverken landets befolkning eller militæret til den, der så kom i 1864. Riflede kanoner og bagladegeværer ville have gjort underværker. Den eneste person der vidste, hvad han havde med at gøre, var overgeneral de Meza, der viste sig at være en sand mester i taktisk tilbagetrækning. Han blev afskediget i unåde. Heltene var soldaterne fra 8. Brigade, fordi de var mere end villige til at ofre deres liv for en håbløs sag. Ved denne lejlighed mistede Danmark hele Slesvig inklusive den nordlige del, som vi kalder Sønderjylland.

Hverken værre eller bedre gik det i august og september 1807, hvor København blev bombet sønder og sammen. Også ved den lejlighed vidste man i flere år i forvejen, at situationen kunne opstå. Også her undlod man at forberede den danske flåde på at stoppe den britiske invasionsstyrke, så snart den havde rundet Skagen. Nederlaget kostede ikke bare flåden, men også Norge blev tabt.

Ser vi tilbage på krigen i 1657 - 1660 mod Sveriges konge Karl X Gustav tegner sig det samme mønster. I et anfald af jubeloptimisme fandt den danske konge, Frederik 3. på at erklære krig mod kong Karls velsmurte og kamptrænede krigsmaskine med en hær af bondesoldater. Hverken landet eller det militær, som Frederik havde til rådighed var forberedt på den krig. Det plejer man ellers at sørge for, inden man erklærer krig. Nederlaget blev en katastrofe for landets landbobefolkning og for de bondeknøse, der blev sendt ud for at standse de svenske kanoner og veltrænede ryttere. De blev massakreret til ukendelighed, og resultatet blev, at Danmark mistede Skåne, Halland og Blekinge.

Hvorom alt er, den tyske besættelse af Danmark kom til at forme sig på sin egen måde, hvis vi sammenligner den med besættelsen af andre lande. Årsagen til det kan for en gangs skyld ikke tilbageføres til danske magthaveres indvirken eller undladelser. Det skyldtes landets strategiske betydning for Nazityskland og Hitler selv. Danmark i sig selv havde ikke nogen strategisk betydning for tyskerne. Det havde derimod Norge, nærmere betegnet den norske havneby Narvik, der fungerede som udskibningshavn for svensk jernmalm fra Kiruna, som kun ligger ca. 180 km sydøst for Narvik. Skulle det lykkes for briterne at erobre Norge, ville det være slut med den trafik. Det kunne tyskerne ikke tillade. De kom briterne i forkøbet og besatte Norge, ligeledes den 9. april 1940. For at holde Norge besat kræves, at man også besætter broen til Norge, nemlig Jylland. For at holde Jylland besat må man nødvendigvis besætte resten af Danmark. Norge var guldklumpen. Danmark var dørmåtten til skatten.

Hitler opretholdt sit regime ved de principper, som man kalder "devide et impere", hvilket betyder "del og hersk" og "ad hoc", hvilket betyder "indtil videre". Med andre ord, han havde ikke nogen standardstrategi for administration af besatte lande. Det var vigtigt og aldeles afgørende for ham, at der ikke var nogen instanser i hans magtapparat, der fik for stor indflydelse, derfor "del og hersk". Det gjorde, at besatte lande kunne blive administreret af militæret, af SS, af partiapparatet eller af Udenrigsministeriet. Det sidstnævnte blev tilfældet for Danmark, og vi blev således styret af det tyske gesandtskab i København. Her havde man diplomatiets traditioner, hvilket i praksis vil sige forhandlingsbordet. Enighed og samarbejde blev nøgleord. Vi fik lov til at beholde vores regering, folketing og konge. Fra tysk side forsøgte man at undgå diktater. Der blev sågar afholdt Folketingsvalg midt under besættelsen – et valg, der i øvrigt bekræftede samarbejdspolitikken. I Norge var det helt anderledes. Her ville tyskerne øve afgørende indflydelse på, hvem der skulle sidde i den norske regering. Det afslog den norske konge, som i øvrigt var lillebror til den samtidige danske (Christian X). Den norske konge ville ikke indsætte en regering, der ikke havde mandat i folket, som selv havde valgt ham på demokratisk vis. Det medførte, at kongen og hans regering gik i eksil. Endvidere lagde Hitler vægt på at holde alle døre åbne, således at en given besættelsesstrategi kunne ændres med dags varsel, derfor "ad hoc". Det sidstnævnte var de danske politikere godt klar over – besættelsesvilkårene kunne blive ændret når som helst. Det udgjorde det pres, der hvilede på dem under samarbejdspolitikken. Det betød, at man i sin magtudøvelse fra dansk side i videst muligt omfang forsøgte at imødekomme tyskerne, når der var noget, som de ønskede. Samarbejdet hvilede på den præmis, at alt kunne ændres (til det værre), hvis det skulle være.

Det korte af det lange var, at såvel de danske politikere som den danske befolkning affandt sig med besættelsen og samarbejdede med besættelsesmagten. Der var ingen nævneværdig modstand de første par år. Nok var der en spirende modstandsbevægelse. Men den havde absolut ingen betydning og var heller ikke velset helt frem til midten af 1943. Det skabte det indtryk hos briterne, at Danmark på det nærmeste kollaborerede med Nazityskland og sad i gyngen sammen med fjenden. Det kom de danske søfolk i britisk tjeneste til at lide under – mere om det senere.

Årsagen til, at billedet i Danmark vendte i løbet af sommeren i 1943, var Tysklands nederlag ved Stalingrad i februar samme år. Her mistede det Tredje Rige en hel armé bestående af 300.000 mand plus det løse. Det var ikke et vendepunkt som sådan. Den tyske krigsmaskine, værnemagten, var efter det nederlag langt fra slået. Men Stalingrad fik stor psykologisk effekt hos de allierede og også i de lande, der var besat af Tyskland, deriblandt Danmark. Nederlaget afslørede ekstrem dårlig ledelse. En krigsledelse, der var parat til at ofre 300.000 mennesker plus materiel for det rene ingenting, var ikke bare dum, den var ganske uduelig. Det skete da heller ikke med nazigeneralernes gode vilje. Det var ene og alene Hitlers skyld, at det gik så galt. Det vidste man også, og man kunne derfor regne ud, at så længe Hitler selv sad ved bordenden og traf de afgørende beslutninger, måtte det før eller siden gå helt galt. En mand, der begik sådan en fatal fejl, måtte nødvendigvis på længere sigt lide nederlag.

I den danske befolkning opstod der i løbet af sommeren 1943 en regulær besættelsestræthed. Man var træt af indskrænkninger, rationeringer, mørklægnings-gardiner og smalhals. Nu kunne det være nok. Den negative stemning fodrede strejker og satte yderligere skub i modstandsbevægelsen, som optrappede aktiviteterne, hvilket til syvende og sidst medførte tab og skrappe sanktioner fra besættelsesmagtens side. Nervøsiteten bredte sig, ikke mindst hos værnemagtens øverste ledelse som frygtede, at Danmark kunne blive målområde for en allieret invasion. Der opstod en ond cirkel. En regulær minikrig mellem besættelsesmagten og modstandsbevægelsen var brudt ud.

Jeg nævner det ikke for at nedgøre modstandsbevægelsens indsats, slet ikke. Vi skylder modstandsbevægelsen stor tak, idet det var deres bedrift, som til syvende og sidst bevirkede at Danmark, da krigen var slut, blev betragtet som en del af de allierede nationer. De har også fået megen ære for det. Men det bevirkede også at andre, fx de danske søfolks i allieret tjeneste, ikke fik megen opmærksomhed. Der var stort heltemod blandt modstandsbevægelsens medlemmer, også tab af menneske-liv, ingen tvivl om det, men søfolkene var hverdagens helte, der udførte deres arbejde med livet som indsats fra dag et (den 9. april 1940), mens modstandsbevægelsen først for alvor blev aktiv i slutningen af 1943 og på et tidspunkt, hvor alle kunne se, at det før eller siden måtte ende med tysk nederlag. Det kunne man bestemt ikke i 1940, da søfolkene blev tvunget til at vælge mellem Hitler og Storbritannien. Langt de fleste valgte det sidstnævnte. For nogle, fx kommunisterne, var det et meget svært valg. Hitler og Stalin var allierede på det tidspunkt. Der var mange kommunister blandt søfyrbøderne.

Alle skibe, der den 9. april 1940 eller derefter befandt sig i eller kom i britisk eller anden allieret havn eller indflydelsessfære, blev omgående beslaglagt af de britiske myndigheder. Alle danske skibe blev overtaget af Ministry of War Transport og derefter fordelt til forskellige britiske rederier, som skulle administrere dem for ministeriet. Alle øvrige skibe, der befandt sig udenfor de danske farvande blev af briterne opfordret til at søge allierede havne. Det vil sige havne, der blev kontrolleret af Storbritannien eller Frankrig. Af den danske regering, efter pres fra Tyskland, blev de selvsamme skibe opfordret til at søge neutrale havne. Det satte mange søfolk i et svært dilemma. Dog ikke Oskar. Han befandt sig i Manchester, da Danmark blev besat. Her var sagen klar. SS Hindsholm, som Oskar var 3. styrmand på, blev den 13. maj 1940 overtaget af rederiet Ellerman's Wilson Line i Hull.

Det mest ydmygende var, at Dannebrog blev strøget til fordel for det britiske unionsflag The Red Duster. På grund af samarbejdspolitikken mellem den danske regering og den tyske besættelsesmagt blev Danmark på det tidspunkt af briterne opfattet som en fjendtligsindet nation. En venligsindet fjende, som briterne kaldte det. Skibet var nu en del af Royal Merchant Navy og hørte efter international lov under Storbritannien.

De danske søfolk fik lov til at vælge mellem to muligheder. Enten kunne de sejle for briterne på deres egne skibe med deres egne officerer i allieret tjeneste eller komme i en interneringslejr på samme vilkår og med samme rettigheder som krigsfanger. Den sidste mulighed valgte nogle få, hovedsagelig fordi de var bange for tyske repressalier mod deres familier i Danmark, hvilket faktisk ikke skete. Givet var, at de ikke fik lov til at komme tilbage til Danmark. Så meget stod fast.

For at gøre det muligt at skibene kunne beholde deres danske officersbesætninger, måtte parlamentet vedtage en række love, som bl. a. tillod fremmede navigatører og maskinmestre at få udstedt midlertidige britiske certifikater. Det betød, at Oskar og alle hans officerskolleger kom på et 4 ugers kursus, hvor de skulle lære de britiske sø- og skibsregler. For Oskar var det stort set unødvendigt. På den ene side var han efterhånden en erfaren sømand, og på den anden side havde han fået en international navigatør- og skibsføreruddannelse, selvom det var foregået på Navigationsskolen i Nordby på Fanø. Det samme gjaldt for de fleste andre. For Oskars vedkommende gjaldt desuden, at han var ferm til sprog. Han beherskede engelsk næsten lige så godt som en indfødt.

Langt de fleste af de danske skibsbesætninger valgte at gå samlet i allieretbritisk tjeneste og det på trods af, at den enkelte sømand på det tidspunkt næppe kunne overskue den fulde konsekvens af sit valg. Det gjaldt fx også for hele besætningen på Hindsholm. Her var alle officerer og et flertal af de menige søfolk enige om at fortsætte kampen mod Det Tredje Rige.

Oskar Thyge Jensen – 3. styrmand på SS Hindsholm. Fotoet blev taget den 29. april 1941 af fotofirmaet Jerome Ltd., der havde specialiseret sig i at levere billedet samme dag.

Kort efter at SS Hindsholm var blevet beslaglagt, holdt kaptajn L. Jørgensen et skibsråd med hele besætningen. Han holdt en tale. Så godt han kunne, forklarede han situationen og sin egen holdning. De ville ikke kunne komme hjem, uanset om de valgte den ene eller anden løsning. De ville være "fanger" af Storbritannien, indtil krigen sluttede. Hvem der vinder krigen og hvornår, er der ingen, der ved. Men ved at yde en indsats for England kunne man måske påvirke situationen til, at det blev de allierede [England og Frankrig, som det tidspunkt endnu ikke var blevet besat af Tyskland], der ville gå af med sejren. Han ville støtte de allierede, fordi tyskerne havde besat det lille og forsvarsløse Danmark. Hans nationale stolthed var blevet krænket. Det gjaldt om at befri Danmark. Det kunne kun lade sig gøre ved at sejle for englænderne. Det kunne blive farligt, rigtigt farligt endda, men min fjendes fjende er min ven, sluttede han talen med. Det var ord, som de fleste kunne forstå. Oskar var enig. Det var en barsk beslutning.

Hvor skæbnesvanger den var, kom først for alvor frem på de første rejser. Her afslørede det sig, at der var flere besætningsmedlemmer, der ikke kunne tage det psykiske pres. Når først en begynder at knække, har det en afsmittende effekt på resten. Der var konstant ballade med besætningen i al den tid, Oskar befandt sig på Hindsholm. Skønt han havde stor respekt for sin chef, kaptajn Jørgensen, indrømmede Oskar senere, at han var glad for at komme væk fra skibet. Nok var kaptajnen en god skibsfører og navigatør, men i forhold til de problemer, der på grund af angst og nervøsitet opstod blandt visse besætningsmedlemmer, var han den forkerte mand på det forkerte sted. Han kunne ikke løse problemerne.

Kanon på agterdækket af SS Hindsholm – også mandskabet på skibet skulle lære at betjene den. Oskar var dybt engageret i denne, lidt usædvanlige tjans. Han var blandt de første, der lærte at skyde med den. Hverken på Hindsholm eller senere fik han dog nogensinde brug for sine kundskaber.

Ikke mindst på grund af samarbejdspolitikken, som de danske myndigheder havde indladt sig på med tyskerne, så det officielle England i begyndelsen med stor skepsis på de danske søfolk. I modsætning til nordmændene betragtede man dem ikke som allierede. Man kunne ikke stole på danskerne, var holdningen, hvilket forståeligt nok føltes som en yderligere belastning for de danske søfolk. Det var ydmygende. Det var magtpåliggende for briterne at de danske skibe fik yderligere tre besætningsmedlemmer i form af Royal Navy marinesoldater. Det skal dog her indskydes, at de ikke blot var der for at holde øje med folkene på Hindsholm. Inden skibet kom ud på sin rejse i sin nye rolle, skulle det udrustes med en kanon, som Navy-folkene skulle betjene.

*

Det var farligt at være tysk soldat under Anden Verdenskrig. De omkom i milliontal. Men som enkeltgruppe betragtet var det farligst at være ubådsmand i den tyske krigsmarine. Af de 40.000, der gjorde tjeneste i den tyske ubådsflåde, vendte 30.000 aldrig hjem igen. Det svarer til en tabsrate på 75 %, hvilket var den største både på allieret og på tysk side. Tyskerne vidste det og betragtede derfor ubådsflåden som en eliteenhed. De enkelte soldater blev behandlet med stor respekt og æret som helte. De kunne derfor også tillade sig lidt mere end almindelige soldater, når de undertiden optrådte provokerende under orlov i Tyskland eller i de besatte lande, især i Frankrig, men også i Norge.

Den tyske marinestrategi gik ud på at standse varetilførslen til og omkring De Britiske Øer. Målet var at udsulte England. Om det overhovedet var et realistisk mål, skændes krigshistorikerne fortsat om. Men i begyndelsen af krigen så det en overgang ud til, at det kunne lykkes. Hertil kom, at det ikke udelukkende var de tyske ubådes opgave at sænke allierede fragt- og tankskibe. Overfladeskibe og fly deltog også i jagten, der ikke bare rettede sig mod skibe, der sejlede til og fra og omkring

England, men også mod de, der sejlede i konvoj til Murmansk- og Arkhangelsk. Disse transporterede primært våben, ammunition og andre militære forsyninger, efter at Tyskland havde angrebet Sovjetunionen i sommeren 1941.

Slaget om Atlanten, som Churchill kaldte det, startede i princippet samme dag som de allierede havde erklæret Hitler krig, altså i efteråret 1939, men kom egentlig først rigtigt i gang i begyndelsen af 1940, da det stod klart, at de tyske ubåde i en periode på kun fire måneder (fra juni til oktober) havde sænket 270 allierede skibe. Denne tid betegnedes af de tyske ubådsfolk som "den lykkelige periode". Skønt de allierede gradvist forbedrede forsvaret af deres konvojer, hvilket øgede ubådenes tabsrate markant, fortsatte tyskernes succes i princippet helt frem til marts 1943. På det tidspunkt var især brændstofsituationen for England blevet så kritisk, at Churchill havde svært ved at se, hvordan man skulle fortsætte krigen. Men så indtraf vendepunktet ved slaget om konvoj ONS-5, som bestod af 43 handelsskibe, to destroyere, en fregat og en korvet. Omkring 30 ubåde angreb konvojen, og det lykkedes dem at sænke 13 handelsskibe. Hovedsageligt på grund af en meget effektiv radiopejling af bådene lykkedes det de fire eskorteskibe at sænke seks ubåde. Herefter spredtes konvojen på grund af en storm, samtidig med at den kom under beskyttelse af landbaserede fly. Fra da af blev situationen mere og mere kritisk for ubådene hvilket bevirkede, at den øverstbefalende for den tyske Ubådsflåde, viceadmiral Karl Dönitz, beordrede angrebet afbrudt. I løbet af april 1943 steg den tyske tabsrate yderligere, samtidig med at bådenes sænkninger faldt dramatisk. Herefter blev taktikken ændret. Ulvekobbeltaktikken blev opgivet. Ubådene skulle fra nu jage alene. Taktikkens åbenlyse ulemper blev for tungtvejende. Årsagen var, at konvojernes beskyttelse samt rekognosceringen af bådene efterhånden var blevet så effektiv, at det blev for risikabelt at lade alt for mange både operere fra samme position.

Den tyske ubådstaktik, som Dönitz selv havde udviklet, gik i al sin enkelthed ud på, at ubådene ikke skulle angribe enkeltvis, hvilket man hidtil havde gjort, men derimod i flok – ligesom ulve. Ganske vist sejlede ubådene enkeltvis, men kun når de observerede. Når en ubåd havde opdaget en konvoj, skulle den tilkalde alle de øvrige, der befandt sig en til to døgns sejlads fra positionen. Først når hele flokken var samlet, gik de til angreb ved at sejle ind i konvojen, mellem handelsskibene og sænke så mange af dem som overhovedet muligt, helst om natten. Taktikken rummede hele to akilleshæle. Den ene var, at den krævede, at bådene kommunikerede med hinanden. For at kunne gøre det, skulle de være opdykket. Men netop i opdykket position var de lettere at få øje på, samtidig med at deres kommunikation kunne pejles. Det skulle nemlig vise sig, at netop de allieredes pejleudstyr blev bedre og bedre efterhånden som krigen skred frem. Den anden var at de, når de var samlet i en stor flok, var nemmere at få ram på for konvojens ledsagerskibe.

Ubådenes succes afhang i høj grad af de enkelte kommandørers færdigheder i samspillet med besætningen. De var stort set alle sammen ekstremt dygtige. Rigtig mange var eksperter, og enkelte var de rene esser. Her kan nævnes folk som Günther Prien, Otto Kretschmer, Joachim Schepke og Heinrich Bleichrodt.

Selve angrebet kunne gennemføres i neddykket tilstand – periskopdybde (lige under havoverfladen) eller i opdykket tilstand. Træfsikkerheden var størst, hvis de benyttede sidstnævnte taktik. Men ulempen ved den var, at der gik kostbar tid med neddykning, hvis ubåden var blevet observeret. Derfor blev mandskabets evne til hurtig neddykning trænet igen og igen, ja nærmest til bevidstløshed.

For at en torpedo kan ramme et skib så effektivt som muligt kræves, at den rammer midtskibs vinkelret på samme måde, som når to biler rammer hinanden i et vejkryds. For at det kan lade sig gøre, skal kommandanten eller hans stedfortræder, som normalt affyrer torpedoerne, kende både torpedoens og skibets hastighed. Torpedoens hastighed er kendt i forvejen. Den indstilles inden angrebet. Men handelsskibets hastighed skal først pejles og siden beregnes. For at kunne gøre det så korrekt som muligt kræves, at ubåden ligeledes befinder sig vinkelret på skibets position og kurs. Kommandanten følger skibet gennem målsøgningsapparatet (i opdykket tilstand på broen) eller gennem periskopet over en given afstand og med et stopur måler den tid, der går. Data indgives i et apparat, der beregner den kurs, som torpedoen skal følge og låser samtidig torpedorørene, måleapparatet eller periskopet i samme position, således at de automatisk drejer med, efterhånden som målet sejler fremad. Det er nu op til kommandanten, hvornår han vil give ordre til, at torpedoen skal slippes ud af røret. Det gjorde de som regel, når båden var kommet op i fuld fart henimod de skibe, der var blevet målfikseret. I de fleste tilfælde brugte kommandanterne viftetaktikken. Det vil sige, de affyrede alle fire stævntorpedoer mere eller mindre på samme tid. Herefter vendte de båden lynhurtigt og affyrede de to agtertorpedoer. Det sidstnævnte kunne lade sig gøre, fordi ubåde har en ekstremt lille vendediameter. Mens alle andre skibe på daværende tidspunkt var tvunget til at vende i en cirkelbue, så kunne ubåde næsten vende omkring deres egen midterakse. Det skyldtes, at ubåde allerede dengang både rådede over en bagbords og styrbord-dieselmotor med hver sin skrue. Skulle båden vendes mod bagbord, fik bagbordsdieselmotoren fuld kraft samtidig med at roret blev slået om til anslag, mens styrborddieselmotoren kørte i ganske lav hastighed. Lige præcis denne taktik indebar også den fordel, at ubåden ofte ramte flere skibe i et hug, samtidig med at den lynhurtigt kunne dykke og stikke af ud af konvojen, så snart de ramte skibe begyndte at detonere.

For handelsskibene i konvojen og især deres ledsagekrigsskibe gjaldt det om at opdage ubådene, inden de nåede at affyre. Det kunne være yderst vanskeligt, fordi den opdykkede taktik næsten udelukkende blev brugt om natten, hvor man svært kunne få øje på ubådene. Om dagen skulle man være så heldig, at man opdagede ubådens periskop. Det skete sjældent, men forekom. Det skib, der havde opdaget ubåden, skulle nu beskyde den med sin kanon. Hvis det var et krigsskib, ville det også forsøge at vædre ubåden. Når ubåden først var helt neddykket (dybere end periskopet), kunne den kun bekæmpes med dybvandsbomber. Dybvandsbomber eksploderede ved en forudindstillet vanddybde. Det var ikke meningen, at de skulle ramme ubåden. Når de eksploderede indenfor en kritisk afstand, ville det forøge vandtrykket så meget, at ubåden imploderede i bombens detoneringsøjeblik. Den kritiske afstands størrelse var afhængig af, hvor dybt båden var neddykket, jo dybere, jo kortere var den kritiske afstand. Men dybhavsbomberne havde to væsentlige ulemper. For at de ikke skulle skade selve krigsskibet krævedes for det første, at det befandt sig i fuld fart, når bomberne blev kastet. Det afbrød ASDIC[1]-sporingen, som kun kunne gennemføres ved lav hastighed. For det andet afbrød eksplosionsstøjen krigsskibets lyttesporing. Et dybvandsbombeangreb medførte, at skibet mistede kontakten til ubåden. Hvis ubåden overlevede bomberne, slap den som regel væk.

Med udgangen af året 1943 lykkedes det for første gang de allierede at producere flere skibe end de tabte, mens den tyske ubådsflåde måtte indkassere de hidtil største tab. Tendensen fortsatte resten af krigen.

Summeringen af mange mindre faktorer medvirkede ved de allieredes succes. Her kan blandt andet nævnes: Ledsageskibenes angrebstaktik blev bedre og bedre samtidig med, at besætningerne blev dygtigere og dygtigere. Hertil kom tekniske forbedringer: Bedre lytteudstyr og indførelse af ASDIC. Sidstnævnte gjorde det muligt at pejle en neddykket ubåds position i det tredimensionelle undervandsrum. Ved hjælp af radiopejleudstyret HF/DF[2] kunne man pejle ubådenes position, når de i opdykket tilstand stod i radiokontakt med hinanden. Systemet var særligt værdifuldt i kombination med dechifrering af kommunikationen. Indførelsen af ubådsmorteren Hedgehog (på dansk pindsvin). Granaterne eksploderede først ved direkte kontakt med en neddykket ubåd. De kunne affyres under langsom fart, fordi granaterne blev skudt i retning fremad fra skibet. Derved skabte den ikke forstyrrelser, når den ikke ramte. Sporingen af ubåden (ASDIC og lytning) kunne fortsættes under angrebet, således at angriberne ikke mistede kontakten med den. Når konvojerne kom indenfor den radius, hvor landbaserede fly kunne nå dem, blev de ledsaget. Det gav disse mulighed for at opdage ubåde, enten fordi de var opdykkede eller fordi flybesætningerne fik øje på deres periskoper. Herefter fik flyene mulighed for at angribe bådene fra luften.

Der blev gennemført i alt 377 britiske atlantiske konvojer fra Halifax Harbour i Canada (senere fra New York) til Liverpool i England under kodebetegnelsen HX allerede fra den 16.september 1939 og helt frem til den 23.maj 1945. De var beregnet for skibe, som ikke kunne holde en fart på 15 knob. Hastigheden på disse var derfor sat til 9 knob. Derudover blev der gennemført 17 konvojer for 15 knob-skibe under kodebetegnelsen HXF.

Noter

1   ASDIC er en forkortelse for Anti-Submarine Detection, som er forløberen for Sonar. SONAR er en forkortelse for SOund NAvigation and Ranging, som er en akustisk teknik, der bruges til at opspore og bestemme afstand og retning til genstande under vand, fx fiskestimer, ubåde, skibsvrag eller andre lydreflekterende genstande. Der udsendes en ultralyd mod et forventet mål under vandet, lyden reflekteres som et ekko af målet og sendes tilbage til udsenderen. Ekkoets retning og refleksionstid fortæller udsenderen, hvor (retning) og hvor dybt under vandet målet befinder sig.

2   High Frequency Direction Finding - HF/DF også kaldet huff-duff kunne pejle en radiobølges udgangspunkt og retning.

Krigssejlads

Relativt kort tid efter officerernes kursus og skibets ombygning (kanonmontering, stålforstærkning af broen, grå krigsmaling) deltog Hindsholm i kystsejlads omkring de britiske øer, hvor det for det meste sejlede alene. Skibet nåede at anløbe Cardiff, Liverpool, Grimsby og Plymouth. Men i begyndelsen af august 1940 blev det sendt ud på en længere rejse, helt til Halifax i Canada i en af de berømte atlantiske konvojer. Men det blev kun til en enkelt tur. Årsagen var, at en betydelig del af de danske skibe var mindre eller helt små, deriblandt også Hindsholm. Mange af dem var efter Royal Navys opfattelse ikke egnede til sejlads på det nordlige Atlanterhav, især ikke om vinteren (åben bro). I alt 14 skibe, svarende til 23 % af den beslaglagte danske flåde, var under den grænse, som Royal Navy anså for ocean-going, nemlig 1.600 BRT (Hindsholm var på 1.321 BRT).

Hindsholms maskinmester, Axel Petersen, skrev i sin dagbog søndag den 1. september 1940 efter en veloverstået rejse:

»Vi har haft en hurtig og behagelig Overfart saavel til Canada som tilbage til England og været forskaanet for Oplevelser af nogen Art. Næsten utrolig fint vejr, saa hver Overfart kun tog 14 dage[1].«

Men spørgsmålet er, om det reelt var skibets størrelse, der var problemet. Oskar Jensen har selv senere fortalt:

»Vi kunne ikke holde farten i konvojen. Den var sat til 9 knob. Allerede efter nogle få dage blev vi agterudsejlet således, at vi kom til at sejle resten af turen helt alene, både frem og tilbage. Jeg er i øvrigt overbevist om, at den kendsgerning, at vi for det meste sejlede alene, gjorde at vi aldrig blev torpederet. De opdagede os ikke eller fandt det ikke værd at spilde krudt på os.«

Efter den enlige Halifax rejse i konvoj blev Hindsholm udkommanderet til kystsejlads omkring De britiske øer. Det foregik primært som enkeltsejlads og ikke i konvoj. Jeg vil senere vende tilbage til det emne og derfor her blot spørge, hvad mon formålet var med denne sejlads? Kunne Hindsholm reelt risikere at blive sænket og kunne besætningen risikere at drukne? Sejlads på vestsiden af Storbritanniens hovedø – området, som vi kalder det Irske Hav, var der ikke stor risiko. Hverken tyske ubåde eller fly vovede sig ind her. Men helt anderledes var det på østsiden – altså i Nordsøen, på sydsiden – i den Engelsk kanal og på nordsiden – omkring Orkney- og Shetlandsøerne. Her var risikoen rimelig stor. Der var fly- og ubådsbaser i det sydlige Norge som dækkede den nordlige og vestlige del, og der var tilsvarende baser i det besatte Frankrig som dækkede Den Engelske Kanal og selve Atlanterhavet. Når det er sagt skal dog tilføjes, at Hindsholm og de andre mindre skibe som hovedregel sejlede alene på disse rejser. Risikoen for at en tysk ubåd eller et tysk fly lige præcis skulle spotte et alene sejlende skib, beroede på tilfældigheder. Skulle det alligevel lykkes, var det nok sådan, som Oskar selv vurderede det, "...de fandt det ikke værd at spilde krudt på os". Vurderingen er korrekt, fordi et angreb på et enkelt skib stred mod angrebstaktikken, som jo gik ud på at spotte mange skibe, en hel konvoj, tilkalde alle ubåde, overfladeskibe og fly i nærheden og sænke så mange skibe som muligt i ét hug. På den anden side skal man ikke være bleg for at indrømme, at der naturligvis altid kunne findes ubådskaptajner og bombeflypiloter, der, om ikke for andet end sjov, kunne finde på at sænke en såkaldt enkeltsejler. Risikoen for at blive sænket var latent tilstede. Det hersker der slet ingen tvivl om, men den var begrænset, og Oskar benyttede enhver lejlighed til at berolige besætningen, hvilket kaptajn Jørgensen, som nævnt, ikke formåede. Det var ikke, fordi Oskar var en dumdristig type, snarere tværtimod. Som indledningshistorien også viste, var han rigtig dygtig til risikovurdering, allerede som ung 3. styrmand. Omvendt findes der flere beretninger om Oskar der fortæller, at han altid greb ind, når han skønnede at risikoen for ulykker var stor. I de situationer var han ligeglad med, om andre blev fornærmet.

Der fortælles om en episode på MS Kronprins Frederik, som brød i brand ved Parkeston Quay (Harwich) den 19. april 1953. Noget tid efter genopbygningen i 1956 blev Oskar overstyrmand på skibet. Ved årsskiftet fra 1959 til 60 lå skibet atter ved samme placering som ved branden seks år tidligere. Nytårsaften skulle fejres af besætningen, hvoraf flere havde deres hustruer og børn med om bord. Til lejligheden var der blevet indkøbt tonsvis af fyrværkeri. Da Oskar opdagede det, sørgede han for, at det hele blev indsamlet. Ingen anede uråd. Men da det hele lå foran Oskars fødder, kastede han ganske resolut hele molevitten over bord og ned i havnebassinet. Da folk opdagede det, blev de så fornærmede, at festen truede med at blive ødelagt. Men Oskar var ligeglad. Han ville ikke risikere, at samme skib en gang til skulle være centrum for en brandkatastrofe.

Kystsejladsen havde enorm betydning for Storbritannien under Anden Verdenskrig, hvilket vi har svært ved at forestille os. I dag udføres næsten enhver form for varetransport ved hjælp af store lastbiler, der kan laste op til 44 tons. Men i 1940'erne fandtes der hverken store og kraftige lastbilmotorer med turbolader og intercooler eller motorveje. Dengang, og det gjaldt også for Danmark, helt op til 1980'erne, blev varer transporteret via jernbane og/eller via skibe. Det gods, som Hindsholm (og alle de andre) transporterede, ankom til en havn i Storbritannien via de atlantiske konvojer, hvorefter det blev læsset over på mindre skibe som Hindsholm, der bragte det til den havn, der var tættest på godsets destination. Herfra blev det læsset over på jernbanevogne, der transporterede det sidste stykke til slutdestinationen, eventuelt ved involvering af mindre lastbiler. Storbritannien – de allierede, ville ikke kunne have vundet krigen uden denne infrastruktur, og tyskerne indsats gik jo så også ud på at ødelægge den. Det lykkedes ikke, blandt meget andet, på grund af danske søfolks indsats. Det interessante ved dette aspekt er, at de fleste danskere, når de endelig hører noget om de danske sømænds indsats under krigen, nærmest automatisk tænker på de store nordatlantiske konvojer fra Liverpool til Halifax. Det skyldes at historiefortællingen altid har fokuseret på dem. Men som nævnt, de fleste danske skibe var små, også for små til især vintersejlads på disse breddegrader. Det betød, at mange danske skibe, foruden SS Hindsholm med Oskar, derfor var udkommanderede til denne indenrigssejlads. Men det er ikke ensbetydende med at sejladsen var mindre farlig eller mindre betydningsfuld. Det var den naturligvis. Hertil kommer, at andre danske skibe sejlede i helt andre farvande end blot i Nordatlanten. Her kan jeg fx nævne ØK´s fragtmotorskib MS Panama, som var på 5.259 BRT. Det sejlede en stor del af krigen i Middelhavet, i Sydøstasiatiske farvande og på Australien, skønt det, set ud fra størrelsen, sagtens kunne have sejlet på Nordatlanten og til Murmansk.

Til sidst skal nævnes, at Hindsholm også gennemførte et par rejser til Island – vi ved ikke hvor mange. Disse foregik altid i konvoj, og de var ekstremt farlige. Årsagen var ikke, at man fra tysk side prioriterede disse transporter fra Storbritannien til Island særligt højt, faktisk var man ikke ude efter dem som sådan. Der var jo tale om gods fra Storbritannien og ikke til. Men ruten til Island krydsede Murmansk-konvojernes ruter. Sidstnævnte var derimod højt prioriterede og blev derfor skarpt overvåget af tyske ubåde, overfladeskibe og fly med base i Norge. Observerede man ved lejlighed en konvoj til Island, blev den naturligvis også angrebet.

Konvojerne fra Liverpool eller fra Island til Murmansk og Arkhangelsk spillede en særlig rolle for de allierede, men også for tyskerne. De forsynede Sovjet-unionen med vigtigt krigsmateriel. De kom dog først for alvor i gang efter, at Sovjet-unionen var blevet angrebet af tyskerne i juni 1941. I 1941 og 1942 ankom 102 britiske og 117 amerikanske konvojer til de nævnte byer. Truslen kom dels fra tyske ubåde, dels fra overfladeskibe og fly, som var stationeret i Norge, som tyskerne siden den 9. april 1940 havde holdt besat. Fly med bomber og torpedoer lettede fra flyvebaserne ved Bardufoss, Lakselv, Kirkenes og vandflyverbasen i Tromsø. Ubådene sejlede ud fra basen i Trondhjem. Derfor blev konvojerne tvunget til at gå så langt nordpå som muligt i et forsøg på at komme uden for de tyske flys rækkevidde. Om sommeren gik konvojerne nord om Island og Jan Mayen, passerede umiddelbart syd om Svalbard og drejede ikke østpå, før de var næsten fremme ved Novaja Semlja. Om vinteren tvang pakisen konvojerne ind på en sydligere kurs syd for Bjørneya og langt tættere på den norske vestkyst.

I marts 1942 indtraf de første alvorlige tab. Konvojen PQ13 bestod af 20 handelsskibe, sytten britiske og tre amerikanske. Fredag den 27. marts blev konvojen angrebet af 108 tyske fly fra de nævnte baser i Norge. Fem handelsskibe blev sænket. Også eskorten led alvorlige tab, idet to destroyere ligeledes blev sænket. Endnu værre gik det i sommeren 1942 for konvojen PQ17, som mistede 23 af 34 skibe. Men også her lettede situationen et år senere. Det helt store tyske nederlag indtraf den 26.

december 1943. Den tyske krydser Scharnhorst blev af det britiske slagskib Duke Of York sænket under et angreb på en Murmansk-konvoj. Kun 36 af den 1.900 mand store tyske besætning overlevede.

Sammenlagt gennem hele krigen medførte i alt 40 konvojer 3.700.000 tons fragt til Sovjetunionen med et tab af 91 søfolk og 300.000 tons gods, cirka 8 %. Med andre ord, det var en overskudsforretning og et eklatant nederlag for tyskerne. Alt i alt var risikoen for at blive sænket egentlig ikke så stor. Men det er jo en ringe trøst for den skibsbesætning, der går ned efter at være blevet torpederet. Hertil kommer at skibsbesætningerne ikke kendte noget til ovennævnte statistiske data, eftersom de jo først blev kendt efter krigen.

Besætningen på Hindsholm var naturligvis også klar over, at sejladsen til Island var farligere end kystsejladsen. Uroen blev så også tilsvarende større. Men også på konvojerne til Island skete det samme som på den første Halifax-konvoj. Hindsholm kunne ikke holde farten og blev agterudsejlet med det resultat, at det efter to dages sejlads var helt alene. Som tidligere nævnt var det Oskars hovedargument, både dengang overfor besætningen og efter krigen, at tyskerne ikke gad spilde krudt på en enkeltsejler. På det punkt ramte han jo nok sømmet på hovedet – undervejs til Island mødte de hverken ubåde, overfladefartøjer eller flyvemaskiner. De overlevede.

I april-maj 1943 fik skibene, Hindsholm og Svanholm, som var Hindsholms søsterskib i engelsk havn, forøget deres armering, og der kom flere Royal Navy marinesoldater ombord til betjening af kanonerne. Herefter blev en fuld last af krigsmateriel indtaget, våben, tanks og andre køretøjer plus fødevarer i form af konserves. Rejsen gik i konvoj til La Goulletta nær Tunis.

Skibene var blevet udkommanderet til deltagelse i operation Husky (slædehund) – den allierede invasion af Sicilien i juli 1943. Det var en farlig mission. Der var masser af fjendtlige ubåde i farvandet vest for Frankrig. På den side var kysten godt beskyttet af overfladefartøjer i form af ubådsjagere – typisk destroyere og fly i den Engelske Kanal. Efter de havde passeret Gibraltar, blev de primært truet af tyske bombefly.

Den militære invasion startede natten til den 9. juli 1943. Den 17. august var det hele overstået. De allierede havde erobret øen, i øvrigt uden at møde nævneværdig tysk modstand ved selve landgangen. Svanholms kaptajn har senere fortalt:

»Andendagen efter Invasionen fik vi Ordre til at afgaa i Konvoj til Syd-kysten af Sicilien. Det meste af Konvojen bestod af amerikanske Landingsfartøjer[2].«

De gik i havn i Licata tirsdag den 13. juli 1943, hvor amerikanerne var gået i land nogle dage forinden. På skibene kunne man tydeligt høre kanontorden fra fronten i det fjerne. Efter de havde losset godset til soldaterne var de returneret til Bizerta.

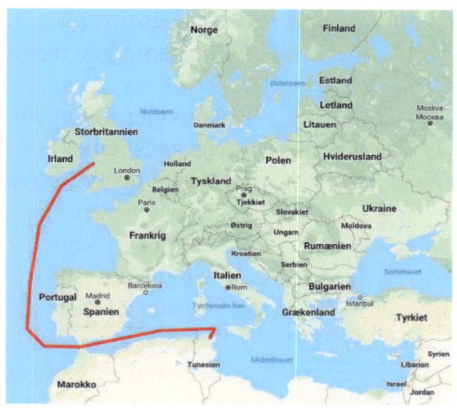

Fra Tunis til Bizerta og videre til Sicilien.
©Google Maps

Ruten fra Storbritannien til Tunis. ©Google
Maps

Hastigheden blev ikke sat højere, end at Hindsholm, Svanholm og de andre langsomt sejlende skibe kunne følge med. Lasten skulle afleveres til de styrker, der forberedte invasionen på Sicilien. Herefter fortsatte de til Bizerta, hvor de blev overtaget af US Army. Der skulle lastes ammunition til styrkerne ved fronten ovre på den anden side, Sicilien. Hvis de var blevet torpederet af ubåde eller bombarderet af fly med den last, var de alle røget i luften i et stort brag, og de ville sikkert være blevet dræbt alle sammen.

SS Robert Rowan eksploderer ud for Gelas kyst. ©www.wrecksite.eu.

Det skete fx for det amerikanske Liberty[3] skib SS Robert Rowan (7.176 BRT), som blev ramt af en bombe fra et tysk fly den 11. juli 1943 få hundrede meter fra Gelas kyst på Sicilien og cirka 30 km øst Licata hvor Hindsholm og Svanholm ankom to dage senere. Robert Rowan sejlede med forsyninger til General George S. Pattons 7. arme. Foruden besætningen var der stuvet omkring 400 soldater om bord som dækslast. Derudover var skibet lastet med fødevarer og flere tusinde tons ammunition. Ingen overlevede.

*

I løbet af efteråret 1942 var det lykkedes for det tyske Afrikakorps under general Rommel at nå helt frem til EL Alamein, kun godt 100 km fra den egyptiske by Alexandria og knap 300 km fra hovedstaden Kairo. Det var alvorligt. Det så ud som om, at tyskerne var ved at erobre hele det nordlige Afrika inklusive Egypten. Briterne var ved at blive smidt ud, troede man. Men i realiteten var korpset på randen af kollaps. Det skyldtes primært mangel på forsyninger af enhver slags. Briterne beherskede luftrummet i Middelhavet og gik målrettet efter korpsets forsyningslinje. Forsyningerne fra Italien nåede ikke frem. Man beskyldte italienerne for, at de røbede transporterne til briterne. Man gik sågar så vidt som til at beskylde den tyske general Kesselring[4] for bevidst at tilbageholde transporter af jalousi overfor Rommel. Det faldt ingen ind, at årsagerne til briternes succes med at stoppe forsyningerne kunne skyldes, at de havde brudt den tyske radiokode, Enigma, og derfor var i stand til at lytte med på tyskernes kommunikation. Herefter kunne de tyske konvojer let spores og bombarderes fra luften og fra krigsskibe.

Ved EL Alamein indledte briterne et massivt modangreb mellem den 23. oktober og den 4. november 1942 som endegyldigt tvang tyskerne i defensiven og retur mod vest. Det tyske tilbagetog endte i Tunis. Den 8. november landsatte briterne to styrker i Algeriet (vest for Tunis), mens amerikanerne gik i land ved Casablanca. Styrkerne bevægede sig mod øst, mens Montgomerys 8. britiske armé trak mod vest. Det tyske Afrika korps blev nu tilintetgjort i en regulær knibtangsmanøvre, og den 13. maj 1943 så resterne af korpset sig tvunget til kapitulation. Det banede vejen for Operation Husky og Hindsholms sejlads til Tunis og derefter til Sicilien.

Det hele baserede sig på Stalins ønske om aflastning i form af en britisk/amerikansk front i Vesteuropa, nærmere betegnet Frankrig. Det krav blev forstærket af tyskernes nederlag ved Stalingrad i februar 1943. Amerikanerne var principielt enige med ham og stemte for det. Men briterne mente, at tiden slet ikke var moden til et sådant forehavende. Det kunne gå grueligt galt. Efter deres opfattelse kunne det tidligst ske i løbet af foråret 1944. Først måtte man rydde Nordafrika for tyskere, hvorefter man kunne etablere en sydfront via Italien for på den måde at støde ind i "bugen" på Tyskland. Så let gik det nu ikke. Selvom erobringen af Sicilien gik som smurt, forholdt det sig helt anderledes med erobringen af resten af Italien. Tyskerne ydede intens modstand overalt og på alle fronter på denne krigsskueplads. Det krævede enorme ressourcer af briterne og amerikanerne. Målet, "bugen", blev aldrig nået. Men på trods af det må man i bagklogskabens lys erkende, at briterne alligevel havde ret. Tyskerne blev tvunget til også at bruge enorme militære ressourcer for at holde Italien besat og kæmpe mod de allierede – ressourcer, som de så ikke kunne bruge på øst-fronten mod Stalin.

*

Risikoen for tab af menneskeliv var naturligvis betydeligt større på rejsen til Tunesien for besætningen på Hindsholm. Hertil kom sejladsen til Sicilien, hvor man ikke bare befandt sig i et krigsområde, men derimod direkte i kampzonen. Det afspejlede sig da også i besætningens uro på denne del af turen. Oskar gjorde hvad han kunne for at berolige folkene, men kom til at tale for døve ører, fordi hverken kaptajnen eller bådsmanden bakkede ham op. Nerverne stod på højkant, og balladen var ikke til at holde ud, hvilket så også fik konsekvenser. Hverken Ministry of War Transport eller Royal Navy kunne undgå at få nys om mandskabsproblemerne. Da det hele var overstået, og skibene var returneret til Bizerta, blev begge besætninger på tilsammen lidt over 40 mand plus Royal Navys marinesoldater afmønstret fra Svanholm og Hindsholm. Der kom fremmede folk om bord. Det var grækere. De var, som tidligere nævnt, ikke gode ved skibene. Begge skibe fortsatte med sejlads på Middelhavet resten af krigen og blev leveret tilbage til DFDS i løbet af 1946 i meget ringe tilstand. Besætningerne blev fragtet tilbage til Storbritannien på krigsskibe og andre fragtskibe. Oskar havnede til sidst i Newcastle.

Newcastle er interessant. Byen kom til at fungere som en slags hjemby for de danske søfolk under krigen – en base så at sige. Det blev herfra forhyringen af danske søfolk primært foregik. Der fandtes flere af sådanne "hjembyer" for uden-landske søfolk i britisk tjeneste. Årsagen var, at briterne på den måde kunne holde styr på hvor disse tusindvis af udlændinge opholdt sig. At det netop blev Newcatle upon Tyne, der blev danskernes by, skyldtes formentlig at mange af kystsejladserne, som vi siden skal høre mere om, udgik fra denne by. Byen udgjorde et logistisk centrum. Hertil kom, at mange danskere i forvejen kendte byen. Især fragt, der kom fra Esbjerg, havnede her og i Grimsby, som vi tidligere har hørt om.

Vi ved ikke præcist, hvornår han ankom, men vi ved, at han befandt sig i denne bys havn den 3. august 1943. Fra den dag begyndte Oskar minutiøst at skrive dagbog, hver dag. Han skrev den på engelsk i et regulært, genuint og fejlfrit sprog, også hvad retstavningen angår. En person, som har engelsk som modersmål, vil ikke kunne se, at teksten er skrevet af en udlænding. Desværre fik vi i familien aldrig rigtig spurgt ham om, hvorfor han gjorde det, altså skrev den på engelsk og ikke på dansk, og hvorfor han i det hele taget først begyndte den dag, skønt han på det tidspunkt havde været i britisk tjeneste i over to år. Det sidste spørgsmål er let at besvare. Derfor tager vi det først. Oskar var så glad for at komme væk fra Hindsholm og frem for alt for den belastning, han var udsat for. Oskar elskede Hindsholm som skib. Han havde også gode minder fra det, fra før det blev overtaget af Ministry of War Transport. Men han havde ikke det mindste overskud til at skrive dagbog, efter at det var kommet i britisk tjeneste. Det skyldtes de mandskabsproblemer, der konstant hærgede skibet. Men det havde han nu, hvor han var blevet påmønstret som 3. styrmand på SS Knud.

SS Knud – i britisk tjeneste SS Hardicanute, fotograferet i fredsfarver før eller efter Anden Verdenskrig ved kaj i Københavns Frihavn. I britisk tjeneste blev alle skibe malet grå og forsynet med våben. Bemærk i øvrigt den åbne bro, hvorpå Oskar tilbragte mange timer i al slags vejr.

Knud var på 1.944 BRT og kunne skyde en fart på 8,5 knob. Skibet havde kun et dæk og 4 luger. Det var blevet bygget i år 1900 på Wm. Gray & Co i West Hartlepool, som ligger omkring 20 km nord for Middlesbrough og blev afleveret til rederiet Skjold D/S A/S den 10. april 1900. Det blev navngivet Knud II men blev solgt til DFDS den 8. juni 1920, som ændrede navnet den 11. december 1923 til Knud. Det lå sidst i april 1940 i Leith ved Edinburgh, hvorfra det blev overtaget af Ministry of War Transport den 13. juni 1940. Ved overtagelsen blev det omdøbt til

"SS Hardicanute". Hvorfor navnet blev ændret ved den lejlighed, ved vi ikke, men hvilken Knud, der har været tænkt på ved den navngivning, afslører skibets engelske navn. Der er tale om den danske konge Knud 3. (Hardeknud), der var konge af Danmark og England fra 1035 til 1042. Om det også var den samme ved den oprindelige navngivning, er derimod mere tvivlsomt. Knud II leder tanken hen på kong Knud 2. (Den Store), som regerede fra 1018 til 1035 og som var Knud 3.´s far. Knud 3. hed Hardicanute i England, og han er begravet i Winchester Cathedral. Vi er altså helt tilbage ved den tid, hvor Danmark var en af de største riger i hele Europa – Danmark, Norge og England. Men den periode sluttede desværre med Hardicanute i 1042, hvilket kan være forklaringen på, hvorfor briterne valgte det navn. Hardicanute var absolut ikke populær i England, fordi han udskrev voldsomme skatter for at

Uddrag af Oskars dagbog. Bemærk den flotte håndskrift og det korrekte engelske sprog.

finansiere sin store flåde. Den havde han brug for for at holde kongekonkurrenterne Magnus væk fra Norge og sin halvbror Harald Harefod væk fra England. Sidstnævnte var dog så venlig at dø, før Hardicanute nåede frem til England for at gøre noget ved forræderen. Det forhindrede dog ikke Hardicanute i at få hans lig opgravet og smidt i en mose. Så fik han da lidt hævn. En ikke hel usandsynlig årsag til navnevalget kan også være, at ordet "Knud" er vanskeligt at udtale på engelsk.

I et brev fra den 25. juni 1945 (altså efter befrielsen – se nedenfor) fra Le Havre til sin

Ruten fra Newcastle til Methil og videre til Swancombe.

bror Thomas og svigerinde Ellen kaldte Oskar selv skibet for "Hardicanute", hvilket vi tager som et tegn på, at han ikke var ked af navnet, hvilket er årsagen til, at jeg også har valgt det navn i det efterfølgende. At Oskar selv benyttede det navn og ikke det oprindelige "Knud", kan så eventuelt være forklaringen, på hvorfor dagbogen er skrevet på engelsk. Oskar følte sig som en englænder. Det, at han i virkeligheden var dansker, betød ikke så meget for ham. Han var på briternes side gennem hele krigen, næsten fra den dag, den startede og ikke først fra 1943. Han havde sejlet til England i mange år før krigen brød ud. Det betød noget. Hertil kommer, at han følte det som en befrielse at være blevet påmønstret Hardicanute efter al den ballade og uro, han havde oplevet på Hindsholm. På Hardicanute herskede der en helt anden tugt og stemning. Her var der en bådsmand, som Oskar kendte og som tidligere havde været fiskeskipper i Esbjerg. Han kunne "holde folkene i vinden", som Oskar kaldte det. Her udøvede man sammenhold og næstekærlighed ved at passe sit arbejde og ansvarsfuldt udføre sit job til gavn for sig selv og skibsfællesskabet, uanset om det var farligt eller ej. Her var der ingen jammer i geledderne.

Som tidligere nævnt befandt Hardicanute sig i Newcastle den 3. august 1943. Her lå det i dok, hvor det blandt andet fik repareret sin skorsten. Herefter blev det flyttet rundt på forskellige havneplaceringer på floden Tyne for at bunkre[5] og laste. Det forlod lastepladsen den 11. august 1943.

Allerede dagen efter – rejsen er heller ikke så lang, kun omkring 108 sømil (ca. 200 km) – ankom Hardicanute i Methil, som ligger ved Edinburgh. Kun kaptajnen og telegrafisten gik i land for at deltage i en konvoj-konference. De skulle briefes om organiseringen af den næste konvoj til Island. Umiddelbart efter konferencen afgik skibet med destinationen Swancombe, som ligger ved Thames-floden et godt stykke vest for London. Igen en rejse der bestemt ikke var ufarlig, fordi den passerede Den Engelske Kanal, hvor det vrimlede med tyske fly og ubåde. Men her havde Hardicanute endnu engang fordelen ved at sejle alene.

Søndag den 15. august1943 ankom skibet i Swancombe. Hvis vi antager, at sørejsen tog ca. 52 timer, betyder det, at gennemsnitsfarten har været omkring 7,7 knob, hvilket ikke lyder usandsynligt for et skib som Hardicanute. I Swancombe blev der blandt andet lastet 970 tons cement. Som 3. styrmand holdt Oskar selv nøje øje med amningen, som han opgav til 13'03" x 16'11". Fredag den 20. august 1943 var alle skibe i konvojen blevet samlet, og de var herefter klar til afgang kl. 16:30, først med havnelodsen der igen forlod skibet, da de passerede Gravesend, hvorefter havlodsen kom om bord. Oskar skrev i sin dagbog, at matroserne havde fået ordre til at svinge redningsbådene ud over vandet, således at de hurtigt kunne fires ned. Normalt hænger redningsbådene ind over dækket. Det var en sikkerhedsforanstaltning i tilfælde af, at skibet skulle blive torpederet. Så skulle man ikke spilde tid på at svinge bådene ud.

Ubådskommandanterne sigtede altid efter midten af skibet. Så havde de en margen til begge sider. Når en torpedo vitterligt ramte midten af skibet, var der ikke store overlevelseschancer for besætningen i maskinen. De blev som regel alle dræbt af eksplosionens enorme lufttryk. Men selv når en torpedo ramte et lastrum, var det svært for dem. De kunne næsten aldrig nå at komme op på dækket, inden skibet sank. Når skibet var ramt, skulle det gå rigtig stærkt. Besætningen skulle så hurtigt som muligt springe op i redningsbådene, der jo allerede hang i deres david[6] klar til at blive firet ned til vandet. Når alle sad i båden, blev den firet ned. Så snart båden ramte vandet, forsøgte man at ro væk fra skibet så hurtigt som muligt, således at man kom væk fra det sug der ville opstå, når skibet gik ned.

Den første del af rejsen gik mod nordøst gennem Den Engelske Kanal. Herefter gik det i lidt nordvestlig retning gennem Nordsøen med den britiske hovedø om bagbord, forbi Skotland med Orkneyøerne om bagbord[7] og Shetlandsøerne om styrbord. Som tidligere nævnt kommer kursen mod Island til at krydse Murmansk konvojernes rute som var skarpt bevogtet af tyskerne, af både fly og af ubåde. Men der skete nu ikke noget undervejs. Konvojen ankom sikkert til Reykjavik tirsdag den 31. august 1943 kl. 6:00 om morgenen. Her stod 4 hold havnearbejdere klar til at losse cementen ud fra Hardicanutes lastrum.

Korvetten HMSC Snowberry - ca. 1942.

Fregatten HMSC Glace Bay - ca. 1942.

I årene fra 1940 og frem til det tidlige forår 1943 havde briterne ikke, og bestemt ikke amerikanerne, da de kom ind i krigen, stor succes med ubådsbekæmpelsen. Ganske vist blev det gradvist bedre. Men på denne rejse til Island lagde Oskar mærke til en afgørende taktisk ændring. Tidligere brugte Royal Navy primært korvetter[8] som ledsageskibe. Men i bund og grund var denne krigsskibstype ikke særligt velegnede til formålet. De var ganske enkelt ikke slagkraftige nok. Hertil kom, at besætningerne ikke i tilstrækkelig grad var trænede til at bekæmpe ubåde. Derfor gik man fra 1943 over til at bruge fregatter[9], der sejlede på siderne af konvojen, mens selve konvojen blev anført af en enkelt destroyer[10], der havde den overordnede kommando over hele konvojen og som kunne træde til med større ildkraft i de tilfælde, hvor det blev nødvendigt. Fregatterne var bedre udrustede bl.a. med HF/DF, Radar og ASDIC og var således i stand til at opspore ubådene. Hertil kom, at besætningerne var specialtrænede til opsporing og bekæmpelse af ubåde. Det gjorde, at fregatterne kunne bekæmpe og slå dem, inden disse nåede frem til konvojen.

Vi får via Oskars dagsbogsnotater et glimrende indtryk af, hvad matroserne beskæftigede sig med på sådan et skib. Efter losningen skulle de gøre lastrummene og dækket rent. Der var sikkert nok at se til efter en last af cement. Losningen har givetvis efterladt rigeligt med spor efter dette materiale. Han skriver:
»8.30 am crew turned to washing down decks and cargo rooms. Washing paintwork in chartroom. 4.30 pm swung ship round assisted by pilot. 8.30 am crew turned to painting mounting to life rafts and painting chartroom house. 8.30 am crew

turning to making ready to load. 9.00 am commenced loading ammunition in No. 2 and No. 3 holds«.

Den 6. september 1943 er skibet klar til at blive lastet med ammunition. Det drejer sig om krigsmateriel, der er blevet fragtet fra USA til Island, hvorfra det nu skal videre til Storbritannien. Den 11. september er Hardicanute klar til afgang. Fem dage til lastning forekommer umiddelbart som lang tid. Så lang tid tog det heller ikke. Hardicanute var lastet allerede den 9. september, men skulle jo vente, til alle de andre skibe i konvojen var klar.

Fredag den 17. september 1943 kl. 16:45 ankommer Hardicanute til Sharpness, som ligger lidt nord for byen Bristol på den østlige bred af Bristol Channel nær grænsen til Wales. Sejladsen til Reykjavik tog 11 dage, mens det kun tog 6 dage at komme tilbage igen. Det kan der være flere årsager til: Den vestgående rute fra Island omkring De Britiske Øer er formentlig kortere end den østgående. På grund af vind- og vejrforhold har skibene kunnet sejle hurtigere. Ved ankomsten opgiver Oskar amningen til 15'07" x 17'03". Der har i hvert fald været lige så meget læs på som ved udrejsen. Skibets farlige last af eksplosiv ammunition blev losset, hvorefter det igen blev lastet. Det afgik fra Sharpness den 28. september 1943 kl. 06:00. Amningen opgav Oskar til 8'01" x 11'04", hvoraf vi kan slutte, at skibet endnu ikke var fuld lastet.

Mens Hardicanute blev losset i Sharpness, indtraf der en for besætningen lykkelig begivenhed, som havde en hel del at gøre med den politiske situation i Danmark. Som jeg tidligere nævnte, var danskerne blevet krigstrætte, samtidig med at modstandsbevægelsen øgede sine aktiviteter. Det hele blev nemlig udløst af en sabotageaktion. Et dansk fragtskib, der var blevet køllagt i 1941 på Odense Stålskibsværft, blev i 1942 beslaglagt af besættelsesmagten, der lod det ombygge, fordi den ville bruge det som mineudlægger. Skibet skulle være klar den 2. august 1943, hvorefter det skulle leveres til den tyske flåde. Men forinden, den 28. juli, sprang det i luften af en bombe, der var blevet anbragt af en lokal SOE-gruppe. Skibet blev så svært beskadiget, at det sank flere meter ned i havnebassinet. Da besættelsesmagten dagen efter satte bevæbnede vagter på værftet, nægtede de omkring 1500 værftsarbejdere at fortsætte at arbejde under væbnet beskyttelse.

Hændelsen med den efterfølgende strejke udløste et sandt hav af nye strejker i en række provinsbyer som netop Odense, Aalborg og Esbjerg. Balladen udløste et intermezzo mellem besættelsesmagtens ledelse (Werner Best) og Hitler der kulminerede i, at sidstnævnte forlangte, at der skulle "nye boller på suppen" i Danmark. Ganske vist forsøgte Best at forhindre det, men der var ikke noget at gøre. Den danske regering fik et ultimatum om undtagelsestilstand i Danmark med følgende underpunkter:

1. Forbud mod sammenstimlen af mere end fem personer.
2. Forbud mod strejker og støtte til dem.
3. Natligt udgangsforbud og tvungen aflevering af alle skydevåben.
4. Forbud mod chikane af alle danske statsborgere, der havde relationer til besættelsesmagten.
5. Tysk pressecensur.
6. Oprettelse af særdomstole.

Udenfor disse punkter krævedes ufortøvet dødsstraf for sabotage og våbenbesiddelse. Best vidste, at den danske regering ikke ville acceptere det. »Men der er ikke noget at gøre. Jeg er en død mand i tysk politik,« bedyrede han overfor den danske statsminister Erik Scavenius. Den 29. august 1943 indgav den danske regering sin afskedsbegæring overfor Kongen. Den var således trådt tilbage, og Folketinget ophørte med at fungere. Al magt i Danmark blev herefter udøvet af tyskerne med hjælp af de danske departementschefer. Det skal dog lige indskydes, at hverken kongen eller den danske regering herefter gik i eksil. Lige præcis denne adfærd taler imod, at regeringen længe havde set frem til eller ligefrem styret mod at situationen skulle opstå. Sådan ville man gerne have det til at se ud umiddelbart efter krigen. Men det er ikke korrekt. De danske regeringspolitikere var de første til at beklage det. De danske søfolk beklagede sig i hvert fald ikke. Mens Hardicanute lå i Sharpness, fik kaptajnen af Royal Navy besked på, at skibet herefter igen måtte sejle med Dannebrog på agterstavnen. Eftersom den danske regering var trådt tilbage, blev Danmark betragtet som nation der var venligt stemt overfor de allierede. Det udløste stor jubel hos besætningen på Hardicanute, men Oskar tog det lidt med ophøjet ro. For ham betød det ikke så meget. Han følte sig i forvejen som englænder og dermed som en allieret. Men i sit stille sind glædede han sig alligevel en lille smule.

Den 28. september 1943 kl. 16:45 ankom Hardicanute, der nu igen sejlede alene, til Cardiff, som ligger lidt syd for Sharpness på den østlige side af Bristol Channel – altså i Wales, næsten lige overfor Bristol. Ved Queen Alexandra dok blev skibet yderligere lastet. Lørdag den 2. oktober kl. 18:00 forlod Hardicanute Queen Alexandra dok i Cardiff for »for going to sea«, som Oskar skrev.

Tirsdag den 5. oktober 1943 kl. 10:15 ankom Hardicanute i Liverpool. Ved ankomsten målte Oskar amningen til 17'00" x 18'08" hvilket betyder, at skibet var nogenlunde fuldt lastet. Det blev så også straks losset. Torsdag den 7. oktober gøres der igen klar til en ny last. Lørdag den 9. er besætningen atter klar til »for going to sea«. Amningen måltes til 8'04" x 11'07" hvilket betyder, at skibet næppe var fuldt lastet.

Typisk britisk destroyer fra Anden verdenskrig. Destroyere var lidt større end fregatter og havde tungere bevæbning, men tilvejebragte den bedste beskyttelse mod u-både.

Sejladsen på Bristol Channel og på vestsiden (Liverpool) af De Britiske Øer i det Irske Hav ansås for at være relativt sikker i krigsmæssig henseende. Hverken tyske ubåde eller flyvemaskiner vovede sig ind på det område. Men det betyder jo ikke, at det var ufarligt. Sejladsen skete på den tid af året, hvor man måtte kalkulere med kraftige efterårsstorme. Set i nutidens perspektiv og sammenlignet med den størrelse som moderne containerskibe har nu om dage, så var Hardicanute et ganske lille skib. Når stormen rasede, hvilket den lige præcis gjorde på rejsen fra Bristol Channel til Liverpool, kastedes skibet rundt i søerne med alvorlig risiko for kæntring. I den situation var det essentielt, at lasten var stuvet korrekt, hvilket det jo var Oskars opgave som 3. styrmand at overvåge. Men han svigtede ikke. Ikke en eneste gang mens Oskar var om bord, kom Hardicanute i alvorlig havsnød.

Torsdag den 14. oktober 1943 kl. 04:45 ankom Hardicanute til Grangemouth, som ligger omtrent 30 km nordvest for Edinburgh First of Forth. Det tog med andre ord kun 5 dage i hårdt vejr at sejle fra vestsiden af De Britiske Øer (Liverpool) rundt om Skotland til østsiden. Ved ankomsten målte Oskar amningen til nogenlunde det samme som ved afgangen, nemlig 8'03" x 11'01". Men skibet er blevet lidt lettere undervejs hvilket ikke er så mærkeligt, da der jo på rejsen er blevet forbrugt kul til fremdrift, ferskvand og proviant. Det interessante er dog, at skibet foretog turen fra Liverpool til Grangemouth med en beskeden last. Der skal da heller ikke losses, men lastes yderligere. Besætningen sættes i gang med at gøre klar for dækslast. Efter at lasten er bragt om bord, måler Oskar amningen til 16'02" x 17'10", og skibet er lørdag den 23. oktober atter klar til »for going to sea.«

Onsdag den 27.oktober 1943 kl. 19:50 ankom Hardicanute til Grimsby. Så var Oskar kommet tilbage til den havn, hvor hans karriere så at sige startede for 11 år siden.

Det tog 4 dage at sejle sydpå langs den skotske og engelske østkyst mod Humber, hvor Grimsby ligger. Ved ankomsten ved Alexandra dok målte Oskar amningen til 15'10" x 17'08". Der er naturligvis brugt kul, proviant og ferskvand undervejs. Herefter gøres der klar til losning. Oskar skriver, at der blev foretaget ændringer af skibets bevæbning af D.E.M.S.[11] men ikke, hvad disse gik ud på. Årsagen hertil var nok, at den slags ikke måtte noteres i personlige dagbøger.

Efter losningen og bevæbningsændringerne flyttedes skibet tirsdag den 2. november ved hjælp af slæbebåde til en anden havneplacering i Grimsby for at afvente en konvoj og for at blive lastet.

Hver gang skibet skulle sejle i konvoj, fik matroserne besked om at anbringe redningsbådene således, at de hang udover skibssiden (som tidligere beskrevet). Som vi tidligere har hørt, anså Oskar konvojsejlads for betydeligt mere farligt, end når de sejlede alene. Ubådene angreb konvojerne, når det lykkedes at spotte dem. Derfor skulle redningsbådene, efter Oskars opfattelse, altid være gjort klar, således at de kunne blive sænket ned mod havoverfladen med øjebliks varsel.

Efter at skibet havde bunkret, målte Oskar amningen til 17'01" x 18'03". Søndag den 7. november var Hardicanute igen klar til afgang i konvoj mod Plymouth. Havnebyen ligger på den sydligste spids af England lige syd for Dartmoor National Park.

Krydseren HMS Belfast. Krydsere udgjorde en endnu større klasse end destroyere, men de var for uhandy til u-bådsbekæmpelse.

Når nu det var farligere (efter Oskars opfattelse) at sejle i konvoj, kan man jo spørge, hvorfor man så ikke altid lod skibene sejle enkeltvis? Konvojtaktikken var da også omstridt. Men dens centrale element var jo, at konvojen var beskyttet af krigsskibe, typisk destroyere og fregatter, der var udrustet med ubådsdetektorer (ASDIC) og dybvandsbomber til ubådsbekæmpelse. Oprindeligt mente man, at det forhold i sig selv kunne afskrække ubådene fra at gå til angreb. Det gjorde det nu overhovedet ikke. Den risiko, at ubådene selv kunne blive til jaget vildt, indgik de gerne. De var beordret til det. Netop fordi det forholdt sig sådan, blev ubådene tvunget til kamp, når de bevægede sig ind i en konvoj, og på den måde lykkedes det da også for de britiske krigsskibe at tilintetgøre mange af dem på den åbne slagmark. Den helt store vending indtraf imidlertid først, da det i anden halvdel af 1942 lykkedes for briterne at afkode den tyske marines radiokode og derved lytte med på deres interne kommunikation. Så var man forberedt på hvor og hvornår, angrebet kom. Det kostede mange ubåde livet. Frem for alt var det også en kamp om ressourcer. Kunne tyskerne erstatte tabene på længere sigt? Det kunne de netop ikke, hvilket tvang dem til at opgive ulvekobbeltaktikken. I løbet af foråret 1943 fik ubådene ordre på at sejle og angribe enkeltvis. Men det gjorde dem mindre effektive, fordi det hele nu beroede mere på tilfældigheder. Helt ret havde Oskar altså ikke, men det kunne han næppe vide. Fra 1943 og frem til slutningen af krigen gjaldt altså, at hvis en enkelt ubåd opdagede et enkeltsejlende fragtskib, gik den til angreb. Derfor valgte man at fortsætte konvojtaktikken, når skibene kom ind i farvande, hvor tilstedeværelsen af enkelt-sejlende ubåde var særlig stor. Ruten fra Grimsby til Plymouth gik direkte gennem Den Engelske Kanal, forbi det smalleste sted mellem Dover og Calais. Risikoen for at møde tyske ubåde i disse farvande var fortsat rimelig stor – derfor konvoj.

Siden marts 1940 havde Oskar ikke været i kontakt med sin familie i Danmark. Intet har hans far, Jens Mikkelsen Jensen (hans mor, Sidsel døde allerede i 1937) eller hans søskende hørt fra ham. De vidste ikke, om han i det hele taget var i live. Omvendt havde han heller ikke hørt noget fra dem. Her skal man forestille sig den belastning, det må have været for alle parter. Først efter den 29. august 1943 åbnede der sig en mulighed. Man kunne herefter via Røde Kors sende korte (max. 25 ord) familiere-laterede beskeder til de danske søfolk i allieret tjeneste, samtidig med at disse kunne få lov til at besvare dem. Når eller hvis der kom et svar, vidste man derhjemme i Danmark, om slægtningen fortsat var i live. På den anden side var Oskar heldigt stillet. Bortset fra ovennævnte, altså hans far, søskende, svigerinder og svoger, havde Oskar ingen nære familierelationer. Det var egentlig ret atypisk. Mange krigssejler havde kone og børn hjemme i Danmark. Det var svært for de efterladte derhjemme ikke at vide, om manden, faren, broren eller sønnen fortsat var i live.

Den 29. november 1943 benyttede Oskars ældste bror, Thomas, sig af

DANSK RØDE KORS
CROIX ROUGE DANOISE
AMALIEGADE 18
COPENHAGUE

Til Røde Kors' internationale Komité, Genève.
Au Comité International de la Croix-Rouge, Genève.

FORESPØRGER — DEMANDEUR

Navn - *nom*   Jensen

Fornavn - *prénom*   Thomas E

Adresse   Amager Fælledvej 8⁴

   København S.

Meddelelse	**Message à transmettre**
ikke over 25 Ord. Indholdet maa kun vedrøre personlige Familieforhold).	(25 mots au maximum, nouvelles de caractère strictement personel et familial).

Kære Oskar —
Ønsker dig en god Jul og Laaker at
se dig i det nye Aar. Hele Familien
har det godt. Hils Høj.

Ellen Thomas - Claus

Dato - *date*   2 9 NOV 1943

ADRESSAT — DESTINATAIRE

Navn - *nom*   Jensen

Fornavn - *prénom*   Oskar Thyge

Adresse   45 "Hindsholm" D.F.D.S.
Warwick House, St James Rads 201
London S.W.

Svar paa Bagsiden	**reponse au verso**
(Man bedes skrive tydeligt).	(Prière d'écrire lisiblement).
Form. III-11-43	

Besked fra Thomas til Oskar via Røde Kors. Bemærk adressen: S/S "Hindsholm"
D.F.D.S.

71

denne mulighed (Røde Kors telegram). Det interessante ved beskeden er, at familien på det tidspunkt fortsat var overbevist om, at Oskar befandt sig på SS Hindsholm. De vidste ikke, at han for længst var skiftet til SS Hardicanute. Det fortæller lidt om, i hvilken situation tusindvis af slægtninge til krigssejlerne må have befundet sig i. Vi kan næppe forestille os det. Thomas skrev:

»Kære Oskar
Ønsker dig en god Jul og haaber at se dig i det nye Aar. Hele Familien har det godt. Hils Høj.
Ellen – Thomas – Claus«[12]

Oskar besvarede beskeden, men der gik noget tid. Hvornår Thomas helt præcis fik svaret, ved vi ikke, men vi ved, at Oskar besvarede beskeden den 25. januar 1944 og han skrev:

»Kære Ellen – Thomas – Claus
Umaadelig glad for Jeres Hilsen. Har det godt, længes meget efter at se Jer. Høj takker for Hilsen. Hils alle Bekendte
Kærlig Hilsen
Oskar«

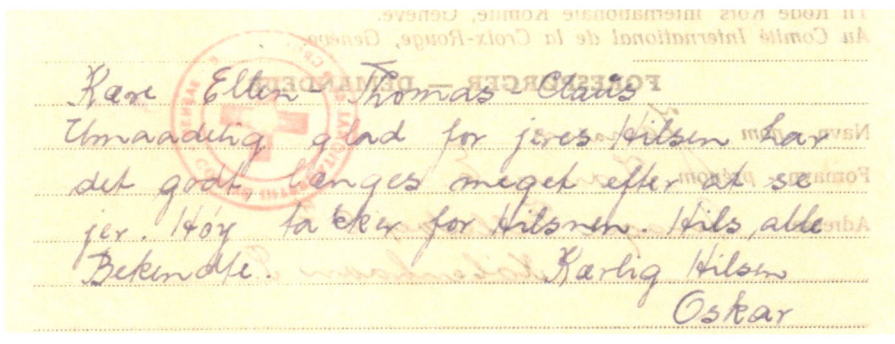

Besked fra Oskar til Thomas via Røde Kors.

Den 20. marts 1944 modtog Dansk Røde Kors beskeden retur, og vi må formode, at den blev videresendt til Thomas på Amager Fælledvej 8, København S umiddelbart efter, men så havde det også taget 112 dage (lidt over 3 og en halv måned).

En tilsvarende beskedudveksling mellem Oskar og hans far foregik mellem den 13. marts 1944 og den 9. juni 1944. Oskars svar modtog Jens Mikkelsen Jensen dog først kort efter den 30. juli 1945. Der var krigen for længst forbi.

Hardicanute ankom til Plymouth planmæssigt onsdag den 17. november 1943 kl. 11:15. Rejsen øst og syd om England i konvoj tog 10 dage. Losningen af skibet påbegyndtes umiddelbart efter ankomsten. Da det var overstået, blev skibet flyttet til en anden havneplacering (Fish dok). Skibet samt besætning fik herefter en sejladspause, og Matroserne blev beskæftiget med vedligeholdelsesarbejder. Julen 1943 blev fejret i Plymouth. Først søndag den 26. december 1943 blev der igen gjort klar til afgang uden last.

Et skib er konstrueret til at sejle med last og kan derfor egentligt ikke sejle uden. Det vil simpelthen miste balancen og kæntre. For at modvirke det er det udrustet med særlige hulrum der kan fyldes med vand, som i så fald betegnes som ballast[13]. Men også når det sker, skal 3. styrmand sørge for, at vandet fordeles ligeligt mellem skibets styrbords og bagbordstanke, ellers vil det igen miste balancen. Inden afrejsen fra Plymouth målte Oskar amningen til 8'03" x 11'03".

Herefter kan vi registrere følgende destinationer:

Port Talbot, ankomst tirsdag den 28. december 1943 kl. 20:30. Byen ligger lidt øst for Swansea, ved indgangen til Bristol Channel. Årsskiftet fra 1943 til 1944 fejres i byens havn. Søndag den 2.1.1944 gøres der klar til afgang.

Swansea, ankomst mandag den 3.1.1944 kl. 16:00.

SS Tovelil. Heller ikke Tovelil var *Atlantic Going* og sejlede derfor rundt om de britiske øer.

London, ankomst torsdag den 13.1.1944 kl. 17:00. Losningen af Hardicanute påbegyndtes samme nat og afsluttedes mandag den 17.1.1944, hvorefter skibet blev flyttet til en anden havneplacering. Her skete der en lykkelig begivenhed. Hardicanute kom til at ligge lige bag ved SS Tovelil – et andet dansk skib fra rederiet Dania, som også sejlede i britisk tjeneste. Besætningerne mødte hinanden. Der blev spist, drukket lidt og udvekslet erfaringer – et hyggeligt afbræk i den daglige trummerum.

Tirsdag den 18. januar 1944 skiftedes igen til en ny placering, hvor skibet skulle lastes. Fredag den 21. januar blev Hardicanute kort ankret op ved Southend-on-Sea ved indsejlingen – klar til afgang i konvoj øst om De Britiske Øer mod Belfast i Irland.

Belfast, ankomst søndag den 30. januar 1944 kl. 00:15. Rejsen tog 17 dage.

Liverpool, ankomst søndag den 6. februar.1944 kl. 21.00.

Sharpness, ankomst mandag den 14. februar 1944 kl. 13:45.
Cardiff, ankomst onsdag den 16. februar 1944 kl. 08:30. Cardiff er hovedbyen i Wales og ligger næsten ved indsejlingen af Bristol Channel. Afgang den 29. februar.

Liverpool, ankomst onsdag den 1. marts 1944 kl. 22:30. Det tog et døgn at komme nordpå igen. Dagen efter påbegyndtes losningen, som afsluttedes tirsdag den 7. marts kl. 07:30. Herefter ankom der nogle arbejdsmænd fra land for at udføre diverse reparationsopgaver, og Hardicanute flyttedes til en anden placering i havnen. Fredag den 10. marts deltog tre matroser i et kanon-kursus. Som jeg tidligere har nævnt, skulle alle besætningsmedlemmer kunne betjene de våben, der var anbragt om bord. Derfor kan man med god ret betegne danske besætningsmedlemmer i britisk tjeneste som allierede soldater.

Lørdag morgen den 11. marts blev hele besætningen beordret til at forlade skibet. Utøj af enhver slags som lus, mus, rotter, kakerlakker mv. var et stort problem på datidens skibe, og efterhånden som disse ubudne medpassagerer formerede sig, udgjorde de en stor plage for besætningen om bord. På et tidspunkt blev lidelserne så store, at man måtte gøre noget ved det. Men man havde på den tid ikke nogle utøjs-bekæmpelsesmidler, der var helt ufarlige for mennesker. Man havde de sædvanlige giftstoffer som fx cyankalium. Men de krævede så, at et hold af specielle arbejdere, der var udstyret med særlige dragter og åndedrætsværn, rykkede ind og desinficerede hele skibet med krasse giftstoffer. Herefter blev skibet rengjort og lig af utøj fjernet. Processen afsluttedes om søndagen kl. 11:45. Skæbnen ville så, at MV[14] Empire Judy ved en afsejlingsmanøvre kom til at ramme Hardicanutes agterende. Skibets skrue og ror blev beskadiget. Efter en nøjere besigtigelse blev det dog besluttet, at skaden ikke var større, end at skibet kunne sejle videre med skaderne.

Men ulykker har det med at hobe sig op. Torsdag den 23. marts påbegyndtes lastningen af skibet, som afsluttedes mandag den 27. marts kl. 19:00. Næste dag blev skibet flyttet til en anden placering. Ved den lejlighed kom skibet til at bumpe ganske kraftigt ind mod kajen med styrbordssiden af stævnen. Herved fik det en stor bule, samtidig med at et køøje blev smadret. Køøjet blev hurtigt repareret af eksterne håndværkere. Onsdag den 29. marts kl. 03:00 forlod Hardicanute Liverpool med kurs mod Southampton.

Southampton, ankomst søndag den 2. april 1944 kl. 02:00.

London, ankomst søndag den 9. april 1944 kl. 16:30.

Bristol, ankomst onsdag den 19. april 1944 kl. 19:45.

Cardiff, ankomst fredag den 21. april 1944 kl. 22.15. Den 1. maj var Hardicanute igen klar til afgang for en tur til Island, men ikke i konvoj. Denne gang skulle skibet sejle alene i ballast. Det skulle bruges til transport af tømmer fra Reykjavik til Akureyri på Island.

Reykjavik, ankomst fredag den 11. maj 1944 kl. 12:00. Det tog 10 dage at sejle vest om De Britiske Øer gennem det Irske Hav og nord på gennem Atlanterhavet. Tømmeret blev læsset og den 15. maj kl. 07:00. er Hardicanute klar til afgang mod Akureyri.

Akureyri, ankomst mandag den 15. maj 1944 kl. 20:30. Hardicanute sejlede nord og øst om Island til havnebyen, der ligger inde i Eyjafjörður. Der blev omgående gjort klar til losning.
        Et gammelt ordsprog siger "øvelse gør mester". Det gælder i høj grad i en krigssituation. Det arbejde, der udføres rutinemæssigt, kan alle til fingerspidserne. Men hvad med nødsituationer der dog heldigvis kun sjældent indtræffer? De skal derfor øves og trænes igen og igen, så de sidder på rygmarven den dag, de bliver aktuelle. Derfor trænes besætningen i nedfiring og roning af redningsbådene frem til den 19. maj.
        Lørdag den 20. maj kl. 20:00 forlod skibet Akureyri i ballast med kurs mod Reykjavik.

Reykjavik, ankomst mandag den 22. maj 1944 kl. 02:45. Fredag den 26. blev der bunkret, taget proviant om bord, og ballasttankene blev fyldt.
        Den vagthavende matros ved landgangsbroen var lige ved at falde i søvn. Han stod og gabte kæberne af led. Pludselig blev kedsomheden brudt af et kæmpedyr, der trissede rundt nede på kajen. Det lignede nærmest en pony. Men ved nærmere

Irsk Ulvehund. ©dkk.dk.

eftersyn viste det sig at være en meget stor hund. Den snusede rundt og nærmede sig stille og roligt landgangsbroen. Pludselig så den sit snit til at luske om bord. Matrosen forsøgte at standse indtrængeren. Men den så stor og farlig ud. Han turde ikke gøre noget, da dyret stod lige foran ham. Han beordrede den til at gå ned ad landgangsbroen igen. Men det tog hunden ikke notits af. Hunden var fast besluttet på at indtage skibet. Med et lille sæt hoppede den ned fra landgangsbroen og på dækket. Eftersom matrosen ikke anede, hvad han skulle stille op, råbte han af sine lungers fulde kræfter om, at der var en hund om bord. Oskar, som havde brovagten, så ned fra kommandobroen til råberen og spurgte, hvad der var los. Råberiet gjorde, at kaptajn Haglund kom ud af sit kammer og gik stille og roligt ned på dækket til matrosen for at få en forklaring. Herefter ville kaptajnen vide, hvor hunden nu befandt sig. Matrosen mente, at den var løbet hen på bakken. Kaptajnen, matrosen og Oskar begav sig derefter hen til stedet. Ganske rigtigt, under et lille halvtag ved bakken lå der en stor hund, der tilsyneladende var fast besluttet på at blive blind passager på Hardicanute. Oskar og kaptajnen nærmede sig forsigtigt dyret, mens de talte godvilligt til det. Matrosen stod lidt i baggrunden. Hunden virkede venligsindet. Kaptajn Haglund vovede at stryge den over hovedet. Selvom den lå ned, kunne man se, at den logrede lidt med halen. Herefter turde Oskar også godt røre ved den. Det viste sig at være en irsk ulvehund, en tæve, der oven i købet var gravid. Matrosen blev beordret til kabyssen for at finde noget mad til den. På den måde fik de den lokket op i bestiklukafet. Der måtte den godt bo, ifølge kaptajnen. Oskar var indforstået. Herefter fodrede de den, og det viste sig, at den var sulten som en ulv. Oskar fandt en gammel sæk, som hunden kunne ligge på. Efter endnu et måltid virkede deres nye passager ganske veltilpas. Tæven gabte og lagde sig at sove.

Det viste sig i øvrigt, at hunden var ganske fredelig. Ingen behøvede at være bange for den.

Næste dag, kl. 07:30 var Hardicanute klar til afgang med kurs mod Bristol.

Bristol, ankomst søndag den 4. juni 1944 kl. 08:45. Det tog 8 dage at sejle retur. Den 5. og den 6. juni skete der ingenting om bord på Hardicanute, navnlig ikke på den sidstnævnte dato. Oskar fortæller intet om invasionen i Normandiet. Han vidste ingenting. Først langt senere blev besætningen orienteret om Operation Overlord – landsætningen af britiske, amerikanske og canadiske tropper i Normandiet. Først i slutningen af oktober samme år får begivenheden praktisk betydning for folkene på Hardicanute.

**

Noter

1 Tortzen, Christian - Søfolk og skibe 1939 - 1945.
2 Ibid.
3 Langt de fleste skibe udgør og udgjorde, ikke mindst dengang, enkeltstående konstruktioner. Naturligvis var begrebet "søsterskibe" også kendt på det tidspunkt. Men begrebet dækker normalt kun 2 eller 3 skibe, der var konstrueret ens og bygget på samme måde. Det forhold (enkeltkonstruktioner), ændrede begrebet "Liberty skibe" fundamentalt på. Disse skibe baserede sig på en og samme konstruktion og bygningsmetode, uanset på hvilket værft (17 forsk. i alt) de blev bygget i USA. Skibene var fuldstændig ens, og det tog ikke ret lang tid at bygget et. Skibene havde en længde på 135 m, bredde på 17,5 m og dybgang på 8,5 m. De kunne laste lige knap 10.000 t og kunne skyde en fart på 11 knob. De havde en rækkevidde på 37.000 km og en besætning på 41 man inkl. Navy-soldater. De havde agter monteret 4" (102 mm) dæks-kanon til brug mod uddykkede ubåde samt et antal luftværnskanoner. De havde to oliefyrede kedler og en triple ekspansions dampmaskine med enkeltskrue. Bortset altså fra Robert Rowan overlevede de fleste krigen. På trods af at de var konstrueret til kun at skulle holde i 5 måneder, kom de til at sejle som almindelige fragtskibe mange år efter.
4 Albert Kesselring (30. november 1885 – 16. juli 1960) var den tyske øverst-befalende for hele Middelhavsområdet.
5 Bunkre betyder at tage brændsel (kul) om bord.

6   David, også ofte stavet Davit er en konstruktion, der sædvanligvis er udført i stål, og som er beregnet til at sænke forskellige objekter ud over en skibsræling fx en redningsbåd.

7   Bagbord (rød) venstre side, styrbord (grøn) højre side af skibet i sejlretningen.

8   En korvet er et hurtiggående, letbevæbnet krigsskib, typisk beregnet til kystbevogtning. Korvetter er normalt mindre end fregatter, men definitionen på en korvet beror på et skøn. Typisk vil korvetter være 60 - 100 meter lange, have tonnager på 500 - 1.500 BRT og besætninger på 35-120 mand.

9   En fregat var i ældre tid et fuldrigget hurtigsejlende orlogsskib, især anvendt som forpost-, depeche- eller konvojfartøj. De medførte fra 24 til 56 kanoner og havde kanoner i to lag – dvs. på to batteridæk. En korvet havde kun på ét dæk. I de moderne flåder bruges betegnelsen for orlogsskibe større end korvetter og mindre end destroyere. Typisk vil fregatter være 86 - 140 m lange, have tonnager på 1.300 - 3.000 BRT og besætninger på 90 - 300 mand.

10 Destroyere er større end fregatter og mindre end krydsere, men definitionen på en destroyer beror typisk på et skøn eller en politisk definition. Typisk vil destroyere være 120 - 170 m lange, have tonnager på 3.000 - 10.000 tons og besætninger på 250 - 400 mand.

11 D.E.M.S. står for Defensive Equipped Merchant Ships (på dansk: Handelsskibe udstyret med forsvarsvåben). D.E.M.S. var en organisation under det britiske admiralitet der sørgede for, at handelsskibene blev bevæbnet med lavvinklede kanoner i størrelsesorden 75 til 150 mm til forsvar mod Ubåde og mindre overfladeskibe og højvinklede maskinkanoner (fx 20 mm Oerlikon) til forsvar mod flyvemaskiner. Der medfulgte mandskab til at betjene kanonerne, typisk fra Royal Navy eller fra Royal Artillery.

12 Claus er bedre kendt som Gunnar (Gunnar Claus Jensen).

13 Ordet kommer fra det gamle nordiske ord "barlast", hvilket betyder uden ("bar") last.

14 MV står for "Motor Vessel" og er synonym med MS, som betyder "Motor Ship" – altså et skib, der drives af dieselmotor. Begge betegnelser bruges i flæng.

Operation Overlord

Invasionen skulle have fundet sted et døgn tidligere men blev udskudt på grund af for dårligt vejr. Til gengæld havde meteorologerne lovet, at der skulle komme en kort og midlertidig opklaring på cirka 24 timer dagen efter. På den baggrund besluttede den amerikanske general, Dwight D. Eisenhower, som var øverstkommanderende for de Allierede tropper, at iværksætte den storstilede aktion den 6. juni 1944, også kaldet D-dag. Kodenavnet: Operation Overlord.

Det var den største amfibieoperation verden til dato endnu havde set. De tyske soldater, der holdt vagt i klitterne, må have fået sig en slem forskrækkelse, da de i de tidlige morgentimer så armadaen dukke frem af disen, dels på grund dens størrelse – det enorme antal skibe, der tårnede frem i horisonten, dels fordi den tyske hærledelse med Hitler i spidsen var overbeviste om, at invasionen ville komme ved Calais, og den igangværende blot var en afledningsmanøvre. Konsekvensen af denne fejlvurdering var, at tyskerne ikke hurtigt nok fik forstærkninger frem til angrebsstederne. Den eneste, der ikke troede på den udlægning, var den tyske general Erich

De Allieredes angrebspunkter i Normandiet den 6. juni 1944 – Operation Overlord.

Marcks, som lige fra starten og på forhånd havde hævdet, at hvis han havde været Eisenhower, ville han have angrebet i Normandiet og ved dårligt vejr. Ingen lyttede til ham. Den 6. juni 1944 var vejret køligt, diset, og det småregnede.

Angrebet blev gennemført på i alt 7 punkter, hvoraf de 5 var landingssteder på stranden, nemlig Utah (den 4. amerikanske infanteridivision), Omaha (den 1. og 29. amerikanske infanteridivision samt Rangerenheder), Gold (den 50. britiske infanteridivision), Juno (den 3. canadiske infanteridivision) og Sword (den 3. britiske infanteridivision), mens 2 var landingssteder for luftbårne tropper, som blev droppet kort tid efter midnat. Den 82. og 101. amerikanske luftbårne division blev droppet lidt syd for byen Caretan, mens den 6. britiske luftbårne division blev droppet lidt nord for byen Caen.

Den tyske modstand var størst ved Omaha, hvor amerikanerne led meget store tab. Men da dagen var omme, havde de allierede etableret et solidt brohoved, også ved Omaha, hvorfra de tyske tropper ikke mere kunne kaste dem i havet. Næste dag begyndte forsyningerne at strømme ind. Den 25. august 1944 var Paris befriet og kort efter hele Frankrig. Det gik strygende, og de allierede drømte om en sejr over Nazityskland inden årets udgang. For at nå det mål var det en betingelse, at havnen i Antwerpen (Belgien) og en række broer i Holland blev erobret. Men det slog fejl, og de allierede tropper måtte fortsat forsynes via havne i det nordlige Frankrig. Det var her, de danske småskibe som Hardicanute kom ind i billedet. Ganske vist var de ikke egnet til at krydse Atlanterhavet, men de var på den anden side ikke større, end at de kunne sejle op og ned af floder. Antwerpen blev først klar til modtagelse af forsynings- og troppeskibe i begyndelsen af december 1944.

*

Torsdag den 8. juni 1944 kl. 02:00 kom Hardicanute i tørdok i Bristol. Værftsarbejderne gik i gang med at reparere de førnævnte skader på skibet. Tirsdag den 13. kl. 18:00 blev skibet bugseret ud af dokken til en særlig reparationskaj. Reparationsarbejdet afsluttedes lørdag den 17. kl. 12:00 og kl. 15:00 sejlede skibet over til Cardiff.

Herefter gik det slag i slag både i konvoj- og i enkelfart:

Cardiff, ankomst søndag den 18.6.1944 kl. 22:00.

Reykjavik, ankomst tirsdag den 4.7.1944 kl. 06:00.

Glasgow, ankomst onsdag den 19.7.1944 kl. 07:45. Midt på rejsen hjem fra Reykjavik til Glasgow føder tæven, som endnu ikke er blevet navngivet, to velskabte hvalpe, som Oskar og kaptajnen døber henholdsvis Peter og Blackie. Kaptajn Haglund overtog ejerskabet for Peter, mens Oskar fik tildelt Blackie. At det netop var kaptajnen og 3.

80

Kaptajn Haglund på dækket af SS Hardicanute sammen med sin hundevalp Peter.

styrmanden, der blev enige om at overtage hundene fortæller os, at der må have eksisteret et forholdsvist nært forhold mellem skibsføreren og hans yngste navigations-officer.

Avonmouth (lidt nordvest for Bristol), ankomst fredag den 20.10.1944 kl. 20:45. Her var det meningen, at Hardicanute skulle lastes. Havnearbejderne begyndte da også næste dag og de følgende. Men den 25. oktober, kort før at lastningen skulle være afsluttet, besluttede de at gå i strejke. Det forsinkede processen. Da de blev klar over, at godset faktisk udgjorde forsyninger til deres egne soldater i Normandiet, gik de i arbejde igen, og Hardicanute kunne forlade Avonmouth den 27. kl. 14:00 med kurs mod Rouen i Frankrig.

Hardicanute ankom til Rouen lørdag den 4. november 1944 med forsyninger til de allierede tropper.

Rouen er ikke en havneby, som man sådan uden videre sejler til. Som det kan ses af kortet, ligger byen og dens havn lidt inde i landet ved Seinens bred. Floden snor sig ganske gevaldigt, inden den når frem til byen. At sejle på den kræver indgående kendskab, hvis man vil undgå at havne på en sandbanke. Viden om hvor sejlrenden befinder sig er essentielt. Hardicanute fik derfor lods om bord i Le Havre. Men ikke nok med det. Sammen med lodsen fulgte også en rorgænger. Det var der flere årsager

Rouen – hovedbyen i Normandiet. Bemærk Seine-flodens snoede forløb.

til. Den ene var naturligvis, at også rorgængeren skulle have stor rutine. Han skulle kunne reagere hurtig på lodsens kommandoer. Den anden var, at lodsen ikke kunne tale engelsk, mens ingen i besætningen kunne tale fransk.

Rouen er så at sige Normandiets hovedstad, og det har den været, lige siden galliske stammer grundlagde den helt tilbage i jernalderen. Byens seværdighed udgøres af dens middelalderlige bykerne med katedralen Notre Dame. Byen blev slemt ødelagt, ja nærmest ruineret, under krigen. Oskar noterede det i sin dagbog. Ganske vist havde han set bomberamte byer i England, men Rouens ødelæggelse trodsede enhver beskrivelse. Det skete første gang, da tyskerne invaderede byen i foråret 1940. Dernæst af allierede bombeangreb gennem 1943 og første halvdel af 1944 og endelig ved dens befrielseskampe, der fandt sted i juli og august 1944. Den 31. august 1944 blev den endeligt befriet af canadiske infanteribrigader.

Man kan så spørge, hvorfor troppeforsyningerne skulle sejles helt til Rouen og ikke bare til Le Havre eller endnu bedre til Antwerpen i Belgien. Årsagen var, at den by først blev befriet i begyndelsen af december 1944. Le Havre blev skam også benyttet som forsyningshavn, men den var ikke så ideel som Rouen. Som man også kan se på kortet, udgjorde byen en form for knudepunkt både med hensyn til vej- og ikke mindst for jernbanetransport, som dengang havde betydelig større betydning end det har i dag.

Onsdag den 8. november kl. 8:00 var Hardicanute blevet losset og igen klar til at sejle i ballast med kurs mod Newport.

82

Herefter gik det næsten i fast rutefart med at transportere forsyninger fra England til de kæmpende soldater på fastlandet. I denne forbindelse skal jeg også lige nævne, at denne form for sejlads bestemt ikke var ufarlig. Både tyske ubåde og torpedobåde var fortsat ret aktive i den Engelske Kanal. Til gengæld så man ikke meget til Luftwaffe. Den var stort set sat ud af spillet på det tidspunkt af krigen. Men her kom Oskars gamle mundheld sandsynligvis igen til at gælde. De sejlede alene, og tyskerne gad ikke spilde krudt på dem. De skulle jo også spare.

Nu skal man ikke tro, at Hardicanute var det eneste skib, der forsynede de allierede tropper på fastlandet. Ganske vist har det ikke været muligt at rekonstruere, hvor mange det var. Men en hær på over 300.000 plus det løse kræver tilførelse af mange tons gods dagligt. Der må være kommet ganske mange skibe pr. uge til Rouen dengang. Mange af dem var danske, fordi de små dampskibe som Hardicanute var yderst velegnede til flodsejlads. De havde større margen i Seinens smalle sejlrende end de store skibe.

Newport, ankomst mandag den 13. november 1944 kl. 16:45. Dagen efter blev Hardicanute flyttet til den kajplads, hvor der skulle lastes. Søndag den 19. november kl. 20:30 var skibet klar til afgang med en ny last til invasionsstyrkerne på fastlandet.

Rouen, ankomst lørdag den 25. november 1944 kl. 13:00. Nu begyndte det at gå stærkt. Losningen påbegyndtes umiddelbart efter ankomsten, og Hardicanute blev igen gjort klar til at sejle i ballast. Tirsdag den 28. kl. 08:00 forlod skibet igen Rouen.

Swansea, ankomst søndag den 3. december 1944 kl. 13:30. Den uafbrudte sejlads tærede på besætningens kræfter. Der var ikke megen hvile at hente. Heller ikke når man var i havn. Matroserne skulle straks efter ankomsten bunkre kul, ferskvand, proviant og forsyninger til selve skibet. Også det skulle gå stærkt. Næste dag ventede der en flok havnearbejdere ved en anden kajplads, hvor skibet igen skulle lastes. Lørdag den 9. kl. 16:00 afgik Hardicanute igen med kurs mod Rouen.

Rouen, ankomst fredag den 15. december 1944 kl. 16:00. Næste dag flyttedes skibet til den kajplads, hvor der skal losses. Onsdag den 20. kl. 09:30 gik turen tilbage i ballast. Juleaften, søndag den 24. blev fejret i Den Engelsk Kanal med håb om ikke at blive opdaget af tyske ubåde.

Swansea, ankomst mandag den 25. december 1944 kl. 14:45. Skibet blev fortøjet ved Prince of Wales dock og skulle så flyttes samme dag til Kings dock. Men ordren blev annulleret. Den 25. og den næste dag den 26. er store julehelligdage i England. Der er ingen, der arbejder på de dage. Endelig et par hviledage – skrev Oskar i sin dagbog. Men det var ikke noget, de sådan skulle vænne sig til. Næste dag blev de bugseret til Kings dock, hvor de igen skulle bunkre. Hen mod aftenen, kl. 19:15 var det overstået, og Hardicanute stak straks til søs med kurs mod Avonmouth.

Avonmouth, ankomst den 28.12.1944 kl. 22:45. Her skulle der igen lastes forsyninger til de allierede. Mandag den 1. januar 1945 kl. 20:45 forlod Hardicanute fuld lastet Avonmouth. Oskar målte amningen er 17'02" x 18'06".

Rouen, ankomst søndag den 14. januar 1945 kl. 00:45. Skibet blev losset omgående og tog af sted igen i ballast den 18.

Southampton, ankomst torsdag den 1. februar 1945 kl. 10:30. Matrosbesætningen blev sat i gang med rengøring af dæk og lastrum. Næste dag blev de sat til at desinficere ventilatorerne. De næste par dage blev de sat til yderligere vedligeholdelsesarbejder, deriblandt smøring af styringsmekanismen og udskiftning af ferskvandsreserverne i redningsbådene. Fredag den 9. februar blev skibet igen lastet og bunkret. Onsdag den 14. er skibet igen klar til »for going to sea«, atter med kurs mod Rouen.

Rouen, ankomst mandag den 19. februar 1945 kl. 10:15.
        Ovennævnte beskrivelser viser, at det alligevel tog nogle dage at gennemføre en enkelt rejse. Det præcise antal dage kunne naturligvis variere alt afhængig af, i hvilken havn i Storbritannien lasten skulle hentes. Men gennemsnitstiden lå vel omkring en lille måneds tid. Selvom vi kun ser det ud fra Oskars og dermed Hardicanutes perspektiv må ovennævnte beskrivelser bestyrke os i, at der må have været rigtig mange skibe involveret i denne rutefart, ja man kan vel nærmest kalde det færgefart.
        Nok skulle det gå stærkt, men som jeg tidligere har skrevet, var matroserne eller de øvrige besætningsmedlemmer ikke synderligt involveret ved skibets lastning og losning. Det gjaldt dog ikke 3. styrmanden, i dette tilfælde altså Oskar, som havde det overordnede ansvar for, at godset blev stuvet korrekt, hvilket han ustandseligt kontrollerede ved at måle og notere amningen, således at skibet var i god balance. Det var alene havnearbejderne, der skulle sørge for at lasten kom om og fra bord. Men det var naturligvis ikke ensbetydende med at havnophold, som jo, set i forhold til i dag, altid varede nogle dage, ja nogle gange sågar uger, var fri- eller feriedage for matroserne. Ingenlunde. Jeg har nævnt, at de skulle rengøre dækket og lastrummene efter losning. I dagbogen for den 19. februar 1945 og dagen frem til den 25. noterede Oskar, at matroserne var blevet sat til at male skibssiderne. Jeg kan se billedet for mit indre blik: Matroser, siddende på en planke, der med tove i hver sin side er fastgjort til rælingen, med pensel og malerbøtte i hånden, ved at påstryge maling på skibets side. Selvom Hardicanute jo ikke var et kæmpestort skib set med nutidens øjne, var det altså et ret stort arbejde at komme hele vejen rundt fra rælingen og ned til vandlinjen.

Arbejdet skulle typisk udføres, når skibet lå stille i havn. Det ville have været alt for farligt under sejlads. Arbejdet skulle udføres. Malingen på et skib bliver slidt af vind og vejr og havvand. Hvis skibssiderne ikke bliver malet, går der ikke lang tid, før malingen falder af, og skrogets stål bliver synligt. Det ruster, og skibet ender som rustbunke. Jo – matroserne, og det gjaldt såmænd også resten af besætningen, havde nok at se til, når skibet lå i havn.

Søndag den 25. februar 1945 kl. 8:30 stak Hardicanute til søs igen og igen med kurs mod Southampton.

Ankomst, Southampton tirsdag den 27. februar 1945 kl. 6:45. Afgang mandag den 5. marts 1945 kl. 8:30 med kurs mod Rouen.

Ankomst, Rouen onsdag den 7. marts 1945 kl. 24:00. Når man ser den dato, kan man undre sig en lille smule over, at Rouen fortsat var forsyningshavn, eftersom Antwerpen havde været befriet og klar siden begyndelsen af december 1944. Denne havn havde været brugt som forsyningsbase siden midten af denne måned. Den lå betydeligt tættere på troppernes operationsområde end Rouen gjorde. Jeg har ikke kunnet finde en plausibel forklaring på det forhold noget steds. Derfor gætter jeg mig til, at forsyningspresset har været så stort, at en base i Antwerpen simpelthen ikke var nok. For at kunne tilfredsstille troppernes behov måtte man fortsat bruge Rouen.

Ankomst, Southampton søndag den 18. marts kl. 16:30.

Ankomst, Rouen søndag den 25. marts 1945 kl. 16:45.

Ankomst, Dieppe søndag den 1. april 1945 kl. 02:00. Dieppe (se kortet side 82) ligger cirka 55 km nord for Rouen ad landevejen, lige ud til kysten, men skibet skal først ud af Seinen mod Le Havre, hvorefter det skal styre ind i Den Engelske Kanal for at komme på en nordlig kurs. Det var et lidt underligt sted, synes den umiddelbare konklusion at være, men svaret er lige til. Skibet skulle i tørdok i Dieppe, nærmere betegnet Basin de Paris.

De dele af skibet, siderne, agter med ror og skrue og stævnen, der befinder sig under vandlinjen skal også vedligeholdes, repareres og males med jævne mellemrum. Ikke mindst bundmalingen er vigtig. På den del af skibet der befinder sig under vandet, er der en tilbøjelighed til, at små organismer og skaldyr sætter sig fast. Det nedsætter skibets hastighed og øger dets energiforbrug. Man forsøger at modvirke det ved male den del med en maling, der indeholder gift. Det kaldes antifouling. Men giftvirkningen aftager med tiden. Derfor skal behandlingen gentages med jævne mellemrum af specialuddannede værftsarbejdere.

Har besætningen siden august 1943 nogensinde haft en fridag? Næppe.

Da det endelig sker, nævner Oskar det i sin dagbog. For mandag den 2. april skriver han: »No work« og ikke andet. Besætningen holdt fri. Hvad de brugte fridagen til, nævnte han ikke noget om. Det samme skrev han for søndag den 8. april, mens skibet forsat befandt sig i tørdok. Dagen efter blev matroserne sat til at male masterne.

Onsdag den 11. april 1945 skrev han, at de igen var klar »for going to sea«. Hardicanute forlod Dieppe kl. 22:15 med kurs mod Southampton.

Ankomst, Southampton torsdag den 12. april 1945 kl. 12:00. Herefter genoptages rutefarten.

Ankomst, Rouen onsdag den 18. april 1945 kl. 12:15. Fredag den 20. noterede Oskar, »all cargo was out.« Afgang fra Rouen om lørdagen kl. 19:00 igen med kurs mod Southampton.

Ankomst, Southampton søndag den 22. april 1945 kl. 4:45.

Rouen den 29. april 1945. En af matroserne, L. Hansen, var ved ar fire en lugebjælke ned mod dækket. Hans fod gled, og bjælken faldt ned over hans ben. En ambulance blev straks tilkaldt, og Hansen blev bragt til American Army Hospital, hvor det viste sig, at han havde brækket det ene ben, mens det andet havde fået nogle slemme hudafskrabninger. Han kom ikke tilbage til skibet inden afrejsen.

Ankomst, Southampton den 4. maj 1945 kl. 03:30. Den 5. maj, som i dag fejres som Danmarks befrielsesdag, var en begivenhed, som Oskar intet noterede om i sin dagbog. Om han fik noget at vide om det, ved vi ikke noget om. Hvis han har vidst det, har han ikke ment, at det var vigtigt nok til at blive noteret i dagbogen. Til gengæld stod der for den 8. og 9. maj, »No work VE[15] day celebrations.« For modstandsbevægelsen var krigen forbi den 5. maj, for krigssejlerne var den det langtfra. Den daglige rutine forsatte den 10. maj 1945, men fra den dag behøvede de ikke mere frygte at blive involveret i farlige krigshandlinger, såsom angreb fra ubåde, torpedobåde og flyvemaskiner. Fra nu af kunne de nøjes med at leve med den risiko, der normalt var forbundet med at være sømand på det tidspunkt. Det kunne de. Det var de vant til og drog et lettelsens suk. Den næste rejse havde igen kurs mod Rouen.

Færgefarten mellem Southampton og Rouen blev endelig afbrudt den 7. juni 1945 med en rejse til Terneuzen, som er en havneby i det sydlige Holland ikke ret langt fra grænsen til Belgien. Herfra gik det tilbage til Swansea og retur til Le Havre.

Omkring en måneds tid efter krigens afslutning indtraf der endelig en lettelse i vilkårene. Oskars familie, og det gjaldt naturligvis også for de øvrige besætningsmedlemmers og alle andre danske krigssejleres, havde intet livstegn hørt fra deres kære siden telegrammet den 20. marts 1944. Det var der mulighed for nu. Den 25. juni 1945 skrev Oskar et brev til sin bror og svigerinde fra Le Havre red.

»Kære Ellen og Thomas!

Jeg har en lejlighed til at sende Jer et par ord, nu da vi ligger sammen med S/S MARGRETHE og S/S ALEXANDRA da de har lovet at tage Breve med hjem for os. Vi kommer fra Swansea, hvor vi har lastet 2500 tons Flormel til den amerikanske Besættelseshær. Stor var vores forbavselse og glæde da vi så Margrethe ligge her paa Rheden nymalet og pæn og det var ikke langt fra vi fik Taarer i Øjnene ved Synet af den som den laa med Dannebrog malet paa Siderne og malet i Fredstidsfarver. Vi luskede langsomt ned langs Siden af den i den her gamle Krabat i vor graa Krigsmaling og råbte over, "det er gamle Knud" for de kunde slet ikke forstaa det mærkelige navn som stod paa vores Navnebrædder, men de syntes jo nok at der var noget kendt ved Skibet. Der blev jo en Vinken og Raaben og vi ankrede tæt ved dem. I gaar havde vi vores motorbaad i Vandet og var ovre for at høre noget nyt hjemmefra og vi blev godt modtaget og blev beværtet med Dansk Snaps og Øl og det var vel noget vi satte Pris paa. Til Gengæld havde vi Cigaretter og Tobak, Kaffe og deslige med, som vi vidste ville vække Glæde hos dem om Bord og der blev jo en Spørgen og Svaren uden Ende. Tidligt i morges kom "Alexandra" og "Linda Clausen" og jeg var meget spændt paa, hvem der vel kunde være i "Alexandra" og jeg kunde ikke blive træt af at se paa den, det er vel nok et dejligt Skib. 1. Styrd., jeg og vores 2. Mester Harreby, som er nevø til Trossefører Harreby i Esbjerg, var derovre i Eftermiddags. Jeg hilste paa Capt. Raahauge, som fortalte mig at han havde talt med Far for ikke saa længe siden og vi fik en længere Esbjergsludder; det var lige noget for mig. Telegrafisten hed Søndergaard og ham sejlede jeg sammen med om bord i "Jylland" og han havde talt med Anthonis fornylig, saa jeg var helt exited over alt det nyt jeg fik at vide. 2. Mester hed Richter og han er også fra Esbjerg, saa der blev jo rigtig snakket om Esbjerg. 1. og 2. Styrd. var Københavnere og de var meget flinke og vi blev iniviteret til Aftensmad. Det var et rigtigt Aftensmaaltid med "Aalborg" og Tuborg paa Bordet, Spegesild med Løg, Spegepølse, Leverpostej og Agurker og dansk Rugbrød; det var vel meget vi kunde li og jeg skal love for at vi spiste. Vi skal alle sammen losse i Le Havre, men der er tilsyneladende Mangel på Kajplads, saa vi faar maaske nogle Dage her paa Rheden, eller vi bliver maaske dirigeret til Rouen eller Dieppe. Vi er godt kendt her paa Franskekysten, da vi har sejlet herpaa siden Oktober sidste Aar. Det glæder mig at høre at i alle er vel og har det godt. Jeg længes meget efter at se og tale med jer, thi der er jo meget at drøfte efter den lange Adskillelse og Tiden er vel ikke gaaet sporløst hen over nogen af os. Jeg havde Brev fra Sigurdt da han var i Grimsby og det var meget velkomment. Jeg ved ikke om i har faaet mine Røde Kors Breve ellers ønsker jeg jer hjertelig til Lykke endnu en Gang og haaber at det ikke skal vare så længe før jeg kan komme og besøge jer.

Til slut de kærligste Hilsner fra jeres Oskar

Hils Morten Toftegaard og Leonhard
Hvis du finder paa at skrive saa er Adressen

2 nd Off. O.T. Jensen
S/S HARDICANUTE
c/o Messrs. Chr. Salvesen & Co.
29, Bernard Str.
Leith
Scotland

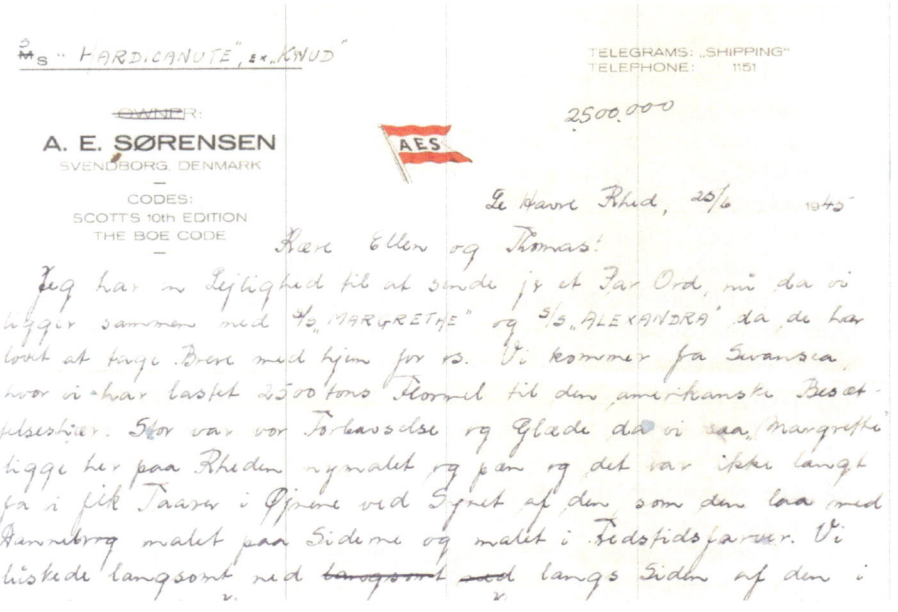

Uddrag af det originale brev til bror Thomas og svigerinde Ellen.

Undskyld Papiret, men det er noget jeg har faaet af Søren vores Hovmester, som er Broder til A.E. Sørensens, de har ikke noget ordentligt Papir herovre.«

Selvom Oskar på det nærmeste havde vænnet sig til at være, leve og tænke som en englænder, forlod hjemstavnen ham aldrig. Sådan er vi mennesker, og der skal slet ikke så meget til. Dannebrog, lidt spegesild, leverpostej, en Tuborg, en Aalborg snaps og frem for alt dansk rugbrød kan vække en uoverkommelig længsel, som man kan snakke i timevis om for at komme over.

Som vi kan læse af brevet, beroede det såmænd også lidt på tilfældigheder, at brevet i det hele taget kunne sendes – nogle skibe mødtes i en havn. I løbet af juni 1945 var tiden efter krigen så langt fremskreden, at danske skibe, som ikke havde været i britisk tjeneste[16], igen kunne sejle udenlands. Folkene på Hardicanute fik endelig mulighed for at møde deres kolleger på Margrethe, Linda Clausen og ikke mindst Alexandra, som rummede stærke minder for Oskar. Bortset fra sejlskibet Ørnen, var det jo på Alexandra han påbegyndte sine læreår. Selvom han efterhånden var blevet 33 år og var avanceret til 2. styrmand, gjorde det godt at tænke tilbage på. Det var vel nok et dejligt skib, som han ikke kunne blive træt af at se på.

De danske skibe i havnen ved Le Havre kunne tage post med hjem. Vi ved ikke, hvornår Thomas og Ellen præcis fik brevet. Men vi ved, at de fik det, og glæden over det var større end man sådan umiddelbart kan forestille sig – lillebror Oskar, den yngste i søskendeflokken, var fortsat i live og havde det godt. Thomas skulle nok sørge for, at resten af familien blev delagtiggjort i det glade budskab. Den 8. juli 1945 kl. 04:30 var Hardicanute tilbage i Southampton. Rutesejladsen fortsatte.

I Danmark havde krigen været forbi siden den 5. maj og i resten af Europa siden den 8. Det var efterhånden to måneder siden. Man skulle derfor tro, at danskerne i britisk og amerikansk tjeneste nu endelig skulle kunne få lov til at sejle hjem. Sådan så briterne og frem for alt amerikanerne ikke på det. For dem var krigen ikke forbi. Den rasede fortsat på fulde tryk i Stillehavet mod japanerne. Iwo Jima var blevet indtaget sidst i marts 1945. Den 21. maj havde amerikanerne erobret Okinawa, og USA stod foran Japans porte. At de allierede også ville komme til at vinde denne krig stod udenfor enhver tvivl. Men de danske søfolk havde forpligtet sig til at tjene de allierede, indtil krigen var helt forbi, også den i Stillehavet. Derfor måtte de blive ved. Desuden skulle de jo have skibene med hjem, som Oskar skrev i et brev til sin far i disse dage. Denne lille bemærkning fortæller os lidt om, hvor loyale søfolkene var set i forhold til de danske rederier – deres arbejdsgivere. De kunne ikke drømme om at forlade de skibe, der var blevet dem betroet. Ganske vist ville de alle gerne hjem efter alle disse år, men de kom ikke uden deres skibe.

Den 19. juli 1945 kl. 00:30 ankom Hardicanute med en last også til Antwerpen, som siden den havn var blevet befriet egentlig havde været de allierede troppers hovedforsyningshavn.

Endelig, for onsdag den 15. og torsdag den 16. august 1945, skrev Oskar: »No work, celebration of VJ[17] day.« Omkring 14 dage senere, den 1. september 1945, noterede Oskar, at de igen var sejlet fra Southampton, og at de den 6. september kl. 02:00 ankom til Bremerhaven i Tyskland. Hardicanute var på vej mod Danmark. Her slutter dagbogen.

Den 1. oktober 1945 afsendte Oskar et telegram via London til sin bror Thomas:

»DEAR THOMAS WILL ARRIVE COPENHAGEN ABOUT 15 TH OCTOBER BEST REGARDS = OSKAR JENSEN«

Odysseen nærmede sig sin afslutning. Hvornår Oskar præcist mødte sin bror Thomas, ved vi ikke, men det må have været i dagene omkring den 15. oktober 1945, at Hardicanute lagde til i Københavns havn. Der var ikke nogen officiel dansk festivitas, da skibet blev fastgjort til kaj. Forklaringen er naturligvis den, at de forskellige skibsbesætninger samt deres skibe kom tilbage drypvis. De kom ikke i en stor flok samme dag, og der gik såmænd heller ikke mange måneder, før de drypvis sejlede af sted igen. De var jo sømænd – *navigare necesse est vivere non est necesse*, som den romerske konsul Pompejus den Store, sagde til sine sømænd da de i en stærk storm sejlede korn fra Afrika til Rom - *det er nødvendigt at sejle, ikke at leve*. Skønt det forholdt sig sådan, er det alligevel bemærkelsesværdigt, at man skal lede længe i historiebøgerne for at få lidt at vide om disse menneskers indsats. Når der endelig stod en lille smule i en enkelt, er det meget lidt, vi får at vide om de danske krigssejlere og den enorme strategiske betydning, som deres sejlads havde for krigens gang og de allieredes sejr.

Til slut kan jeg ikke lade være med at nævne, at min svigerfar, Oskar Thyge Jensen, ikke gjorde noget væsen ud af sin tjenestetid hos briterne. Han følte ikke nogen synderlig stolthed over sine bedrifter og så sig ikke som nogen helt. Han var glad for, at han overlevede og bar helle ikke nag i forhold til tyskere, lige bortset fra en enkelt gang. Da han sejlede som krydstogtskaptajn på passagerskibet MS England i begyndelsen af 1960´erne, var der tilfældigvis en tidligere tysk ubåds-kommandør med som passager på skibet. Denne ville gerne tale med kaptajnen (altså Oskar) på broen. Det nægtede Oskar. Det ribbede op i et sår, der ikke kunne hele. Men siden fortrød han denne afvisning en lille smule med ordene: »Det var måske lidt forkert. Han kunne jo ikke gøre for det.«

SS Hardicanute kom i tørdok sidst i september 1945. Her blev det først og fremmest omdøbt eller rettere sagt, døbt tilbage til SS Knud. Skibet blev repareret, der hvor det trængte og malet i rederiets sædvanlige farver – fredtidsfarver. Herefter kom det til at sejle igen for DFDS helt frem til den 3. marts 1953. Da blev det solgt til det belgiske rederi Van Heyghen Freres i Brügge. Hvad der siden blev af det, ved vi desværre ikke.

Også Hindsholm kom tilbage, sidst i december 1945 i en elendig tilstand, ifølge Oskar. Skibet kom ligeledes i tørdok og blev frisket op igen. Det forblev i drift for DFDS frem til årsskiftet 1959-60, hvor det blev solgt til ophug hos Brugse Scheeps-lopperij, ligeledes i Brügge.

Noter

1   VE står for Victory Europe. Krigen i Europa var forbi og vundet, men krigen var ikke forbi. Storbritannien var fortsat involveret i den i Sydøstasien.

2   Der var tale om skibe, der ikke var blevet overtaget af briterne, og som derfor var forblevet i Danmark hos deres retmæssige ejere efter den 9. april 1945.

3   VJ står for Victory Japan. Anden Verdenskrig var endelig forbi.

Efter krigen

Oskar Thyge Jensen så ikke sig selv som nogen helt eller noget særligt – snarere tværtimod. Han gjorde ikke noget væsen ud af, at han havde tjent som sømand i den allierede handelsflåde under Anden Verdenskrig. Han nævnte det aldrig for nogen. Der gik adskillige år, inden jeg fandt ud af det. Jeg havde jo ikke nogen grund til at spørge ham om, hvad han bedrev under den tyske besættelse af Danmark. Da jeg blev bekendt med hans historie, syntes jeg, at den var så interessant, at jeg gerne ville høre mere om det. Jeg har altid næret stor interesse for emner, der knytter sig til historien om Anden Verdenskrig. Det var derfor naturligt for mig at tale med Oskar om det. I begyndelsen var han nølende, fordi det i bund og grund ikke betød så meget for ham. Hans ambition var at være en god sømand og en yderst habil navigationsofficer. At han kom til at sejle i allieret tjeneste under krigen var ikke noget, han selv havde valgt. Omstændighederne plantede ham i den situation. I stedet for at stritte imod, besluttede han at acceptere sin skæbne, samtidig med at han forsøgte at få det bedste ud af det. Da han langt om længe opdagede, at jeg reelt interesserede mig for den del af hans karriere, fortalte han frisk fra leveren alt det,

Tre glade navigatører på MS Kronprins Frederik: Til venstre 2. styrmand Rudolf Højfeldt, i midten overstyrmand Oskar Thyge Jensen, kaldet OT, til højre kaptajn Niels Laursen. MS Kronprins Frederik.

han sådan umiddelbart kunne huske. Han åbnede for skattekisten, og jeg sad og lyttede interesseret. Gang på gang understregede han, at det hele jo var ganske tilfældigt. Han kunne lige så godt være endt i hjemmeflåden og være blevet tvunget til at sejle

På broen af MS Kronprins Frederik: Til venstre overstyrmand OT og kaptajn Niels Laursen.

for tyskerne. »Havde jeg været en anden, et dårligere menneske af den grund,« spurgte han. Nej, det ville have været nøjagtig det samme. »Jeg havde gjort min pligt på samme måde. Det havde ikke gjort nogen forskel. Efter krigen så vi heller ikke anderledes på de kolleger, der havde måttet sejle for tyskerne. Vi skulle jo arbejde sammen igen bagefter. Så kunne det ikke nytte noget, at vi så skævt til hinanden. Krigen var slut. Et nyt kapitel var begyndt. Der skulle fortsat sejles, enten det så var med gods eller passagerer. Sikkerhed til søs var det afgørende, at få arbejdet gjort.«

*

Efter hjemkomsten i efteråret 1945 og det glade gensyn med storebror Thomas og dennes hustru Ellen og den lille nevø Gunnar blev Oskar tildelt seks måneders velfortjent og fuldt betalt orlov. Efter nogle dage i København rejste han hjem til Esbjerg, hjem til sin far og de øvrige slægtninge. Faren havde tilbudt ham en lejlighed i dennes ejendom i Niels Juels Gade.

Faren, Jens Mikkelsen Jensen, græd glædestårer, da han genså sin yngste søn, som han var så stolt af. Det var forbundet med stor prestige lige efter krigen for de familier, der blot havde været i nærheden af modstand mod tyskerne. Det gjaldt uanset, hvor stor eller hvor beskeden indsatsen havde været. Efterhånden som det gik op for folk, hvor stor en indsats de danske søfolk i britisk tjeneste faktisk havde ydet, var der ikke grænser for, hvor mange skulderklap Oskar måtte modtage, skønt han selv havde lidt svært ved at forstå dem. Han havde jo ikke oplevet selve besættelsen og alt hvad dertil hørte. Han havde jo bare gjort sin pligt, næret sympati for briterne og sejlet for dem, da de bad ham om det. Der havde jo ikke været så meget andet at gøre. Oskar var nu engang god til at få det bedste ud af de forhold, der blev budt ham. Han så ingen grund til at gøre stort væsen ud af sig selv. Men han elskede de sammenkomster og de små fester, der blev arrangeret i anledning af hans tilbagevenden. Det var hyggeligt at sidde sammen med slægtninge og venner, få lidt god dansk mad, en lille en eller to til halsen og masser af snak om alle de oplevelser, han havde haft. Efter et par måneder var det overstået. Så kom julen og det hele gentog sig i et vist omfang. Da nytår var overstået, begyndte Oskar at kede sig. Hvad kan en sømand gøre i land – ingenting. Han kunne indrette sin lejlighed. Søster Metha hjalp ham. Hun og hendes mand Sigurd boede i samme ejendom.

I løbet af marts 1946 fik han en ny hyre. Vi ved desværre ikke, hvilket skib han fik tildelt. Men vi ved, at han et års tid senere befandt sig som 2. styrmand på MS Par-

Fra venstre: Anna, Oskar og lillesøsteren Stip (Kirstine Schultz) på SS Alexandra.

keston (se billedet side 39). Det specielle ved det fartøj var, at det var et passagerskib, der sejlede på ruten mellem Esbjerg og Harwich. Det betød i første omgang, at Oskar kom jævnligt hjem til sin lejlighed og til familien. Det var lidt af en befrielse ikke at være på langfart. Men endnu mere specielt var det, at der blandt besætnings-medlemmerne var kvinder. Der var først og fremmest kahytsjomfruer, der sørgede for rengøring og anden service i passagerernes kahytter. Men der var også kabyspersonale[1] af hunkøn.

Oskar og Annas bryllup den 12. september 1948 i Sønderho Kirke.

Nu om dage er det ikke ualmindeligt at ægtefæller finder hinanden ved hjælp af datingsites. Den slags fandtes ikke dengang. Men ser man bort fra det, så lærer folk ofte hinanden at kende på deres arbejdsplads. De kommer i snak med hinanden og de bliver forelskede. Det skete også for Oskar. På MS Parkeston mødte han kahytsjomfruen Anna Margrethe Schultz, som stammede fra Give, og som havde fundet beskæftigelse på netop det skib. De blev forlovet, men den sammensejlende lykke varede ikke så længe. Oskar blev flyttet tilbage til SS Alexandra. I stedet for at sejle med passagerer til England blev det igen flæskeballer. Heldigvis ankom Oskar med jævne mellemrum til Esbjerg. Det gjorde, at forlovelsen holdt og det på trods af, at Annas lillesøster Stip var med som anstandsdame.

Den 12. september 1948 blev Oskar og Anna traditionen tro gift i Sønderho kirke. Parret flyttede ind i lejligheden i Jens Mikkelsen Jensens ejendom i Niels Juels Gade i Esbjerg. Den 5. januar 1951 blev deres første barn født, datteren Mette-Marie (min hustru).

At få et ægteskab til at fungere er ikke altid lige let. Det vidner nutidens høje skils-misserater om. Folk har en tilbøjelighed til at give op, når de opdager, at det langt fra altid er en dans på roser. Vanskelighederne opstår ofte, når der kommer børn ind i billedet. Men i nogle tilfælde kan det være en fordel at være gift med en mand, der sejler på langfart. Man ser sjældent hinanden. Muligheden får at blive uenige og komme op ad skændes er begrænset. Når man så endelig er sammen bruges tiden ikke på at råbe til hinanden. Det er den for kostbar til. Det ved begge parter. Det resulterer i, at meget bliver uforløst. Men der er også et savn og en angst for, om far kommer hjem. At være sømand er og bliver et farligt erhverv, selvom der ikke er krig. Forlis er altid nærværende. Hertil kommer, at hustruen, i dette tilfælde Anna, må sørge for det hele selv, mens far er væk. Det har ikke altid været nemt for hende og for børnene. For at kompensere for det har rederierne efter krigen åbnet op for muligheden for, at officerers hustruer og børn kunne komme med på rejser.

Anna og lille Mette-Marie på brodæk-ket (bagest) af SS A.P. Bernstorff i sommeren 1953.

I perioden fra den 17. juni til den 17. september 1953 sejlede SS A.P. Bernstorff i fast rutefart mellem Esbjerg og Newcastle. Billedet blev taget, mens skibet fortsat lå ved Englandskajen i Esbjerg havn. Skibet, der kan skimtes bagved, er MS Kronprinsesse Ingrid, som i samme periode sejlede på ruten Esbjerg og Harwich. Normalt var det MS Kronprinsesse Ingrid, der sejlede på ruten til Newcastle mens MS Kronprins Frederik sejlede på ruten til Harwich. Men MS Kronprins Frederik var blevet hærget af en brand samme år den 19. april ved kajen i Harwich. Skibet kæntrede i havnen og var derfor ikke i drift. Det var årsagen til, at DFDS måtte benytte sig af den gamle skude SS A.P. Bernstorff på ruten til Newcastle. Her kunne Oskars hustru Anna og datter Mette-Marie få lov til at rejse med.

MS Kronprins Frederik, som blev raseret af en brand den 19. april 1953.

Der skulle senere komme flere rejser, hvor familien kunne sejle med. Ofte var der mange børn om bord, og ofte var det 2. styrmand Rudolf Højfeldt (se billedet på side 93), der tilbød sig som pædagogisk legeonkel. Han var fænomenal på det område, har jeg fået fortalt. Han opgav i øvrigt senere navigatørkarrieren og blev repræsentant hos Philips med fri bil og telefon. Det var han ikke ene om. Mange søfolk, både blandt matroser, maskinfolk og officerer, forlod erhvervet efter nogle år. Årsag: Det var ikke nemt at opretholde et familieliv under den slags omstændigheder.

Men der var også rejser, der sluttede lillejuleaftensdag i Rotterdam. Far sejlede videre. Mor og børnene kørte hjem til Esbjerg i tog. Senere, da børnene var blevet større, kunne de ikke komme med ude at rejse mere. Så drog mor Anna alene afsted, mens børnene måtte passes af andre. Her bød fru Højfeldt sig til. Sømandskonerne hjalp hinanden. Der var et netværk.

I slutningen af 1940´erne igangsatte DFDS bygningen af en hel række lastskibe, der skulle sejle på ruter mellem Danmark og Amerika, både syd og nord. Skibene på de nordlige ruter fik navne efter stater i USA, deriblandt MS Oklahoma, mens de på de sydlige ruter fik navne efter sydamerikanske lande, deriblandt MS Paraguay. Det karakteristiske ved disse skibe var, at de ganske vist primært var stykgods lastskibe,

MS Oklahoma. Skibets design var noget af det flotteste efter datidens målestok. Oskar var stolt over at kunne få lov til at føre det smukke skib.

men at de også kunne medtage ca. 12 passagerer.

I midten af 1950´erne var det kun ganske få, det var forundt at flyve over Atlanten. Skulle man på den anden side, sejlede man. Danskere, der skulle til Amerika, enten det var til en af staterne i USA eller til et af landene i Sydamerika, rejste med DFDS.

Efter 25 år som fuldbefaren sømand, efter 18 år som navigatør, skibsofficer og krigssejler og med en alder af 43 år, var Oskar Thyge Jensen langt om længe klar til at overtage føringen af et skib som kaptajn. Han fik tildelt det godt 10 år gamle MS Paraguay på 3.565 BRT. Målet var nået. En af efterfølgerne fra Mikkelsen Jensen-slægten med de stolte skibsførertraditioner var herefter trådt i forfædrenes fodspor. Paraguay havde en B&W dieselmotor med 3.200 HK, der kunne give skibet en maximal fart på 12,5 knob. Desuden var det udrustet med et køleanlæg. Paraguay fragtede blandt meget andet bananer fra Ecuador og Columbia. Den slags frugter var en sjældenhed i datidens Danmark.

Der er i rederierne tradition for, at skibsførerstillingerne kun tildeles modne og erfarne navigatører. Kaptajnen har et stort ansvar for passagerer, last, besætning og fartøj. Når skibet befinder sig i søen, er han enevældig. Set på den baggrund fik Oskar sit første skib i en relativ ung alder. DFDS havde tillid til ham.

Nogle år senere fik han tildelt det smukke MS Oklahoma på 4.048 BRT.

Oskar tjekker det moderne sprinkleranlæg, der var blevet installeret på MS Kronprins Frederik efter branden.

Det havde en B&W dieselmotor med 3.640 HK, der kunne give skibet en maximal fart på hele 14 knob. Også Oklahoma var udrustet med et køleanlæg.

Men sejladsen havde, som tidligere nævnt, sine omkostninger. Børnene så kun sjældent deres far i denne tid. Hertil kom at også mor ofte var væk. Det slider på en familie. Alligevel opgav Oskar ikke sin karriere, og det på trods af, at han egentlig selv ville have haft et helt andet erhverv, hvis han havde fået lov til selv at vælge.

Rederiet DFDS var sig bevidst om, at langfart var en belastning for deres skibsofficerer. Man tilstræbte derfor en vis form for rotation. Havde man sejlet på de lange ruter i mange år, var der mulighed for at komme på kortere. Det skete også for Oskar.

Førnævnte MS Kronprins Frederik (se side 98) blev genopbygget efter branden (19. april 1953) på Helsingør Skibsværft og sat i drift igen godt et år senere, den 23. april 1954. Skibet, som primært var et passagerskib, blev indsat på DFDS´ hovedrute Esbjerg – Harwich, hvor det forblev helt frem til den 22. maj 1963. Herefter fik det en ny opgave med Oskar Thyge Jensen som overstyrmand. Skibet blev chartret af Carlsberg Distributers Ltd., London og skulle sejle på ruten Harwich – Oslo – København – Harwich. To ture blev det til, hvorefter skibet kom til at sejle på ruten Esbjerg – Newcastle.

Frederiks nyere søsterskib, MS Kronprinsesse Ingrid, havde på samme tid overtaget et helt nyt forretningsområde for rederiet, nemlig krydstogt. Skibene kunne medtage henholdsvis 358 og 334 passagerer. Det viste sig at blive en ganske lukrativ forretning for DFDS.

Den 10. december 1963 fik rederiet et helt nyt, meget større og topmoderne skib, nemlig MS England. Det blev indsat på hoved-ruten mellem Esbjerg – Harwich som flagskib den 11. juni 1964 med det efterhånden velrutinerede team, bestående af kaptajn Niels Laursen og Oskar Thyge Jensen som over-styrmand. Skibet kunne rumme helt op til 566 passager, og som noget helt nyt kunne det også medtage op til 120 biler, hvilket var betydeligt flere end tidligere.

MS England var på det tidspunkt

MS England ved Englandskajen i Esbjerg.

Oskar Thyge Jensen som krydstogtkaptajn på brovingen af MS England den 22. december 1968 på togt til Vestindien.

Danmarks største passagerskib med 8.221 BRT. Det var udrustet med to B&W dieselmotorer af typen 1050-VT2BF-110, der kunne yde 14.000 HK. Det kunne derfor skyde en fart helt op på 21 knob.

Den 11. november 1967 blev det endelig Oskars tur til at blive kaptajn på et passagerskib. MS England skulle overtage rollen som krydstogtliner efter MS Kronprinsesse Ingrid. Herved fik Oskar en helt ny og uvant rolle, som dog ikke voldte de store problemer for ham. Naturligvis var Oskar involveret i skibets sejlads. Det ligger i luften, når man er kaptajn, men den daglige ledelse var stort set blevet overtaget af overstyrmanden. Årsagen var, at Oskar tilbragte mere tid blandt passagererne end på broen. Han var så at sige skibets toastmaster. Han deltog aktivt i alskens selskabeligheder som fx ækvatordåb og forestod et bryllup som giftefoged. Desuden afholdt han også gudstjenester på søndage, hvor han spillede rollen som præst og prædikant. Men Oskar befandt sig godt i muntert selskab og elskede at underholde folk med sine sømandshistorier. Han var også rigtig god til at lytte til andre. De rejsende skulle have det godt på turen. De skulle føle sig velkomne og underholdt. Det var en stående ordre fra rederiet.

Årsagen til at Oskar skulle overtage denne tjans var, at rederiet i mellemtiden havde fået et nyt flagskib, nemlig MS Winston Churchill, der blev sat i drift på hovedruten Esbjerg – Harwich fra den 2. juni 1967. Det var naturligt, at rederiets ældste og mest erfarne skibsfører, Niels Laursen, skulle

Kaptajnen i muntert lag blandt passagerer.

MS Winston Churchill lægger fra kaj i Esbjerg.

overtage det skib som flagskipper.

Skibet var naturligvis endnu mere moderne end England. Det var på 8.657 BRT. Det var udrustet med to B &W dieselmotorer af samme type som England havde, der ligeledes kunne yde 14.000 HK. Det kunne derfor, ligesom MS England, skyde en fart på op til 21 knob. Ganske vist kunne det kun medtage 462 passagerer, men det kunne laste 180 biler via en bovport, hvilket var noget helt nyt for et oceansejlende passagerskib, der netop ikke var en færge. Det forenklede lastningen af biler, især lastbiler, ganske betydeligt. Denne mulighed skulle siden få stor betydning for DFDS og en lang række andre rederier helt frem til århundredets slutning. Den 30. april 2014 var en æra desværre forbi. DFDS indstillede ruten mellem Esbjerg og Harwich. Den var ikke rentabel længere. Folk foretrak at flyve til De Britiske Øer. Bilen skulle ikke med længere. Det var nemmere at leje en når man kom derover. Svipture med fest og ballade og indkøb i England og omvendt var heller ikke noget, som kunne friste publikum som underholdning. Såvel danskerne som englænderne var blevet for rige. De krævede mere en blot en sejltur.

Her er vi så tilbage, hvor historien startede. Her slutter ringen ved redningsaktionen i 1968, som journalisten C.C. Andersen så smukt berettede om. Inden Oskar selv blev flagskipper på Winston Churchill, fik han lov til at føre det som afløser, når kaptajn Laursen skulle holde ferie.

Oskar Thyge Jensen var pinlig bevidst om, hvad man sådan uden videre kunne åbenbare for offentligheden, og hvad man hellere måtte beholde for sig selv. Hvad han ikke fortalte journalisten men siden til mig var, at han slet ikke havde det godt med at skulle træffe beslutningen om at iværksætte redningsaktionen. Årsagen var den føromtalte bovport. Oskar havde ikke den mindste erfaring med sådan en. Af alle de mange skibe, han havde sejlet med og endog været fører for, var der ikke et eneste, som havde en port i stævnen, der kunne åbnes. Hvad nu hvis den sprang op i det øjeblik, skibet vendte snuden op imod vinden og mod bølgerne? Skulle det ske, ville skibet være synkefærdigt. Skulle det ske, ville han være den første kaptajn i rederiets lange historie, der mistede et skib midt ude i Nordsøen. Kunne det rent faktisk ske? Ja, det kunne det. Tanken var ikke til at bære. Men som vi ved, Oskar stolede på skibets konstruktion og måden det var blevet bygget på og det på trods af, at det var foregået i Italien, nærmere betegnet hos Cantieri Navale del Tirreno e Riuniti S.p.A., Rio Trigoso, Genova. Desuden stolede han på, at matroserne havde håndteret lukningen af porten korrekt. Oskar, som jo af folkene blev kaldt OT, var ikke en skibsfører, som en besætning kunne finde på at svigte. Bovporten holdt. Oskars dybtfølte ønske om at redde nødstedte til havs trodsede hans bekymring. Ingen ville have bebrejdet ham noget som helst, hvis han bare var sejlet videre. Han havde ansvaret for over 200 mennesker (passagerer og besætning) og over et skib til adskillige millioner. Men havde man bare den mindste mulighed for at hjælpe, så hjalp man. Sådan var Oskar Thyge Jensen.

Hvad journalist C.C. Andersen heller ikke fik med, og det skal jeg ikke bebrejde ham, Oskar har sikkert ikke fortalt det til ham. Havaristen sank ikke. Den holdt sig flydende. Næste dag, da orkanen havde lagt sig, kunne en slæbebåd fra Svitzer[2] sejle ud til den og bjærge den. Men det var der jo ingen, som kunne forudse.

***

Noter

1   Kabys er betegnelsen på køkkenet på et skib. I dette tilfælde var der jo tale om et regulært restaurationskøkken.
2   Svitzer A/S startede i 1833 som Svitzer Bjærgnings-Entreprise grundlagt af grosserer Emil Z. Svitzer og blev i 1872 omdannet til et aktieselskab, hvorved det blev en del af DFDS. I 1979 blev Svitzer overtaget af Maersk-gruppen.

Efterskrift

Denne lille bog vil næppe vække en overvældende interesse hos det store publikum. Det vil den formentligt kun gøre hos slægtninge, såsom efterkommere, nevøer, niecer og andre, der har en tættere relation til familien Jensen fra Sønderho på Fanø Jeg har heller ikke skrevet den med det formål, at det skulle blive en regulær bestseller.

Oskar Thyge Jensen var et menneske som alle andre. Det har ikke været hensigten med denne lille bog at præsentere en objektiv og altomfattende fremstilling af skibsføreren. Set på den baggrund adskiller Oskar Thyge Jensens livshistorie sig ikke så forfærdeligt meget fra så mange andres. Alligevel rager den en anelse op over det sædvanlige, også så meget at den er værd at bevare for efterkommerne.

Mod sit eget ønske påtog han sig den rolle, som hans forfædre havde anvist ham. De stolte Sønderho-sømandstraditioner skulle fortsættes. Endnu en skibsfører skulle føjes til den lang række af tidligere. Det lykkedes. Oskar blev ikke bare kaptajn, men han endte også med at blive det på rederiets flagskib. Det interessante ved det hele er, at han ikke startede på den grønne gren, men derimod ved træets stamme som yngste mand om bord, ja som dæksdreng, der kravlede op i masten for at rebbe bramsejlet. Det er et godt forbillede for efterfølgende generationer. Det minder lidt om *The American Dream*. Ønsker man at blive noget stort, starter man fra bunden. Vil man påtage sig et ansvar, ikke blot for sig selv, men også for andre menneskers liv, helbred og ejendom, så sørger man for at få så mange erfaringer med på vejen som overhovedet muligt. Det var Oskars princip og det var godt.

Nu kan man selvfølgelig sige, at det forhold, at Oskar overlevede Anden Verdenskrig til søs uden at være kommet nævneværdigt til skade, var ren og skær held. Men der er også et ordsprog der siger, *at lykken står den kække bi*. Sandheden rummes i den erkendelse, at Gud hjælper den, der hjælper sig selv og andre. Det gjorde Oskar. Han fik det bedst mulige ud af den situation, som skæbnen havde plantet ham i. Han resignerede ikke og gjorde ikke sig selv til et problem. Det er en overlevelsesstrategi, der er værd at efterleve.

Endelig vil jeg hermed gerne sige tak til alle, der har bidraget med materiale og gode råd til denne bog - ingen nævnt, ingen glemt. Dog vil jeg lige rette en særlig tak til Gunnar Jensen, som velvilligt har stillet breve til rådighed. Også en særlig tak til min hustru, Mette-Marie Jensen og mine døtre, Rikke og Line. Uden deres hjælp med inspiration og korrekturlæsning vil jeg næppe have kunnet skrive denne lille bog.

Lars Ove Peters

Skibsliste

På side 108 er anført en liste over de skibe, som Oskar Thyge Jensen har været forhyret på gennem sin karriere. Desværre er listen næppe helt komplet. Der har muligvis/ sandsynligvis været flere skibe, som Oskar har været forhyret på. Det har ikke været muligt at rekonstruere en 100 % præcis liste. Rederiet DFDS, som jo fortsat eksisterer i bedste velgående, har ikke ønsket at opbevare arkivmateriale, der er ældre end 10 år. Forældet arkivmateriale har rederiet enten destrueret eller overgivet til privat eje.

I øvrigt forekommer det yderst sjældent, at selvsamme sømand har været ansat i samme rederi uafbrudt gennem 40 år som Oskar. Han blev ansat i DFDS i 1932 i en alder på 20 år og afgik ved pension i foråret 1972, da han den 12. april fyldte 60 år. Han ville gerne være blevet ved mindst fem år endnu. Det kunne desværre ikke lade sig gøre. Rederiet havde på daværende tidspunkt en regel om, at alle skibs-officerer skulle pensioneres, når de fyldte 60.

Det interessante i denne forbindelse er, at rederiets arkivmateriale vedrørende forhyringer i ovennævnte årrække fra 1932 til 1972 blev overladt til en privatperson med tidligere relationer til DFDS. Det lykkedes mig såmænd også at finde vedkommende, og vi talte sammen i telefon. Han afslog at hjælpe under henvisning til, at det ville være alt for kompliceret og tidskrævende at rekonstruere Oskars ansættelsesforhold. Heri var jeg ikke enig. Eftersom Oskar jo havde været ansat uafbrudt, måtte det trods alt være nogenlunde overskueligt, hvis blot man gennemgik materialet år for år. Desværre lykkedes det mig ikke at overtale vedkommende til at give mig personligt adgang til materialet. Selv ønskede han ikke at udføre arbejdet.

Til gengæld har det været relativt enkelt at finde frem til alle relevante oplysninger om de enkelte skibe. På Internethjemmesiden http://www.jmarcussen.dk har tidligere skibsfører Jørgen Marcussen samlet alle tekniske og øvrige relevante data over alle skibe, der har været indregistreret i Danmark siden 1832. I dag administreres alt vedrørende skibsfart under Søfartsstyrelsen, der blev oprettet i 1988 ved at seks forskellige søfartsinstitutioner blev samlet til en styrelse.

Jørgen Marcussen har, efter han gik på pension, virket som frivillig med arbejder på Museet for Søfart ved Kronborg Slot i Helsingør. Jeg er således Jørgen Marcussen stor tak skyldig. Ganske vist rådede jeg over en hel del oplysninger selv, men uden Jørgen Marcussens hjemmeside havde det ikke været muligt at sammenstille de nøjagtige oplysninger over alle de skibe, som Oskar har stået på.

Skønt der var en del begyndervanskeligheder på grund af briternes mistro til dans-kernes loyalitet, så bidrog Danmark eller rettere sagt, de danske rederier med et ganske betydeligt kontingent af skibe, nemlig 145 i alt med en samlet dødvægt på ialt 573.998

tons (se tabellen på side 109). Der kan således ikke herske den mindste tvivl om, at Danmarks indsats på de allieredes side har haft strategisk betydning, ikke blot psykologisk og symbolsk, men derimod reelt. Storbritannien ville have haft ganske alvorlige forsyningsproblemer, dersom de danske skibe og deres besætninger ikke havde deltaget i kampen for fred og frihed. Når efterfølgende generationer kan være stolte over, at Danmark til syvende og sidst blev betragtet som en allieret nation under Anden Verdenskrig, skyldes det så afgjort også de danske søfolks indsats.

At det var med livet som indsats bekræftes af, at 69[2] af de i alt 145 skibe forliste på en eller anden måde. Det svarer til knap 48 % af den samlede tonnage! Det omfatter torpedering, luftbombning, minesprængning, nedskydning, kollision og stranding. Heraf udgjorde egentlige kamphandlinger som torpedering, luftbombning og nedskydning 58 % af de samlede forlis. Det ses også derved, at i alt 441 danske søfolk omkom alene ved disse [kamphandlinger]. De øvrige (omkring 500), der aldrig kom hjem, afgik ved døden på anden vis, som fx drukning, andre arbejdsulykker, sygdom etc. Den første dansker, der mistede livet i britisk tjeneste, var i øvrigt en fyrbøder på SS Frigga (se billedtekst på side 33), J. Alexander Nielsen, som dog ikke omkom under kamphandlinger.

Som det fremgår af tabellen (på side 109), så var DFDS den største bidragyder, hvad angår antallet af skibe med 22 i alt, og tredjestørst hvad angår tonnage. På side 110 kan ses en tabel over de skibe, der deltog fra DFDS. Som nævnt i det foregående, så sejlede Oskar på Hindsholm og Knud (Hardicanute). Det var en ganske betydelig del af rederiets samlede flåde. At DFDS (og for den sags skyld også de øvrige rederier) i det hele taget overlevede som virksomhed kan være svært at forstå med nutidens øjne. Rederiet fik hverken indtægter, kompensation eller erstatning for forliste skibe. På den anden side havde det heller ikke nogen udgifter på de skibe, der sejlede i allieret tjeneste. Givet er dog, at de så absolut heller ikke genererede noget overskud (profit) til rederiet i den periode. Alligevel udgør DFDS den dag i dag en yderst rentabel virksomhed. Det skyldes, at forretningsetikken traditionelt har været og fortsat er ret høj blandt danske rederier. Begrebet *Rettidig omhu*, som Arnold Mærsk Mc-Kinney Møller (Hr. Møller) formulerede det, var ikke bare et slagord, men derimod en regel, man levede efter, også hos DFDS. Kriser opstod – det vidste man. De var derfor til for at blive overvundet.

***

Skibe som Oskar har været forhyret på

Skibsnavn	BRT	Fremdrift	Maskine	Type	HK	Fart max.	Bygget i	Søsat	Oskar	Funktion
Ørnen	250	Sejl	Hj.diesel	Last			Svendborg	13.07.1914	1930	Dæksdreng/ungmand
Alexandra	1463	Damp	Dob. comp.	Last	1570	13,5	Helsingør	26.08.1931	1932	Letmatros
Frigga	1095	Damp	Triple eksp.	Last	1300	11,0	Frederikshavn	07.11.1922	1932	Matros
Paris	1509	Damp	Triple eksp.	Last	830	11,5	København	01.11.1927	1933	Matros
Parkeston	2763	Motor	B&W 4SA	Passager	3800	15,5	Helsingør	31.07.1925	1938	Telegrafist
Hindsholm	1512	Damp	Triple eksp.	Last	800	8,5	Frederikshavn	20.05.1922	1939	3. styrmand
Knud	1944	Damp	Triple eksp.	Last	850	8,5	West Hartlepool	10.04.1900	1943	3./2. styrmand
Parkeston	2763	Motor	B&W 4SA	Passager	3800	15,5	Helsingør	31.07.1925	1947	2. styrmand
Alexandra	1463	Damp	Dob. comp.	Last	1570	13,5	Helsingør	26.08.1931	1948	2. styrmand
A.P. Bernstorff	2316	Damp	Triple eksp.	Passager/Last	3300		Helsingør	25.07.1913	1953	2. styrmand
Paraguay	4625	Motor	B&W	Last/Passager	3200	12,5	Helsingør	1945	1955	Skibsfører
Oklahoma	4048	Motor	B&W	Last/Passager	3640	14,0	Helsingør	26.10.1956	1958	Skibsfører
Kron. Frederik	3894	Motor	B&W 2SA	Passager	8400	20,5	Helsingør	01.05.1946	1963	Overstyrmand
England	8220	Motor	B&W 2SA	Passager	15500	22,5	Helsingør	20.05.1964	1964	Overstyrmand
England	8220	Motor	B&W 2SA	Passager	15500	22,5	Helsingør	20.05.1964	1967	Skibsfører
W. Churchill	8658	Motor	B&W 2SA	Passager	15500	23,0	Genua	30.05.1967	1970	Skibsfører

Rederi	Skibe	Tons dødvægt[1]
Østasiatisk Kompagni	12	123.600
A. P. Møller-rederierne	19	121.831
DFDS	22	50.994
D/S Orient	3	25.550
Det Danske Petroleums A/S	2	24.573
Dansk-Fransk D/S	6	21.300
D/S Progress (Marius Nielsen & Søn)	12	20.730
D/S Torm	7	20.240
J. Lauritzen	8	18.342
D/S Dannebrog (C. K. Hansen)	5	18.020
Alfr. Christensen	4	10.635
D/S Dania (Chr. Andresen)	3	10.400
D/S Heimdal (Martin Carl)	3	7.500
A/S Motortramp (A. Reimann)	1	7.350
Anglo-Danish Shipping Co.	1	7.300
D/S Hetland (T. Basse)	3	6.850
D/S Vendila (Svendsen & Christensen)	2	6.830
Rhederi M. Jebsen, Aabenraa	2	6.785
D/S Jutlandia (Jens Toft)	2	6.775
D/S Myren (Holm & Wonsild)	2	6.775
D/S Norden (P. Brown Jr. & Co.)	1	6.750
D/S Baltic (Chr. Jensen)	2	6.620
D/S Pacific (L. R. Schmidt)	3	6.400
D/S Orion	1	4.000
D/S Dorthe Jensen	1	3.900
Det Danske Kulkompagni	1	3.460
A. E. Sørensen, Svendborg	3	3.227
Store Nordiske Telegraf-Selskab	2	5.050
D/S Activ, Korsør	1	2.300
D/S Nautic (A. Vollmond)	1	1.500
H. C. Christensen, Marstal	1	1.430
D/S Draco (R. Fischer-Nielsen)	1	1.300
Skipafelagid Føroyar, Torshavn	1	2.000
E. B. Kromann, Marstal	3	1.034
Em. Z. Svitzer	2	1.512
Kryolith Mine & Handels A/S	1	900
A. E. Asmussen	1	285
I alt	**145**	**574.048**

Tabel over de 37 danske rederier, der bidrog med tonnage på allieret side under Anden Verdenskrg.

Skibsnavn	Tons dødvægt[3]
Oregon	8.740
Tennessee	4.225
Brynhild	3.650
Harald	3.002
Knud	3.002
Hindsholm	2.775
Svanholm	2.368
Dagmar	2.360
Skjold	2.200
Egholm	2.135
Algarve	2.042
Tomsk	1.930
Ebro	1.925
Svava	1.875
Thyra	1.535
Frigga	1.488
Flora	1.173
Rota	1.030
Bellona	1.030
Hebe	917
Diana	915
Tyr	627
Dødvægt i alt	**50.944**

Tabel over DFDS´ skibe, der var under britisk administration. Oskar var med på Hindsholm og Knud.

Noter

1   Lund, Christian: Danske skibe under engelsk adminstration under 2. verdenskrig, PDF-dokument - Internet, s 112.
2   Ibid, s 125.
3   Ibid, s 113.

Litteraturliste

Eftersom en stor del af kilderne til denne bog består af dagbogsnotater, private breve, båndoptagelser af samtaler og private fotografier, har jeg fravalgt egentlige kildehenvisninger. Men jeg har naturligvis også benyttet mig af offentligt tilgængeligt litteratur og kilder. For en god orden skyld har jeg derfor anført disse.

Bech, Poul: Søkrig i danske farvande under Anden Verdenskrig; Kbh 2008.

Bruning, John R.   Slaget om Nordatlanten; Århus 2014

Hansen, Anders Bjørn: Breve fra Anders; Kbh 2012.

Hjort Rasmussen, A: Det er nødvendigt at sejle, Esbjerg 1980.

Jensen Mikkelsen, Jens: En Fanø-drengs erindringer, Esbjerg 1983*.

Lund, Christian: Danske skibe under engelsk adminstration under 2. verdenskrig, PDF-dokument - Internet.

Marcussen, Jørgen: http://www.jmarcussen.dk.

Thirslund, Søren: Træk af navigationens historie, PDF-dokument - Internet.

Tortzen, Christian: Søfolk og skibe 1939 - 1945.

Williams, Andrew   Slaget om Atlanten; Kbh. 2003

*   Denne bog er skrevet af Jens Mikkelsen Jensen, som var Sidsels (Oskars mor) storebror - se i øvrigt stamtavlen på side 15. De var begge børn af skibsfører Anthonis Mikkelsen Jensen og Birthe Cathrine Jensen. Som så mange andre i begyndelsen af 1900-tallet udvandrede Jens Mikkelsen Jensen som ganske ung til USA, hvor han også levede af søfart. Da Oskar sejlede som kaptajn på MS Oklahoma sidst i 1950´erne, kom han regelmæssigt til New York, hvor han altid besøgte sin onkel Jens, der på det tidspunkt havde slået sig ned på Staten Island. Da Jens Jensen Mikkelsen døde i 1963, fik Oskar overladt manuskriptet til sin onkels erindringer, som i øvrigt var skrevet på engelsk. Oskar oversatte manuskriptet til dansk, hvorefter det udkom i bogform på Fiskeri- og Søfartsmuseets forlag i 1983.